Lo que dicen las personas sobre *Cambie Su Trayectoria* y su autor, el Dr. Dale Bronner...

Usted no es alguien estático; al contrario, es dinámico y está en constante movimiento. Usted tiene una trayectoria. Y a menos que haga cálculos y ajustes, su destino será predecible. Lo que me gustó en verdad del libro que tiene en sus manos es que es honesto, directo, estratégico y transformador. Mi amigo, el Obispo Dale C. Bronner, le dará una perspectiva fresca, consejos prácticos y una fuerte dosis de aliento. ¡Prepárese! El cambio de su trayectoria lo llevará a su destino.

—*Sam Chand*
Consultor de líderes
Autor de *Quién sostiene tu escalera*, *Quién mueve tu escalera* y *El dolor del liderazgo*

El Obispo Dale Bronner, una de las mentes más brillantes que conozco, ha logrado un trabajo sobresaliente. A través de este clásico, él muestra cómo manejar el cambio, cómo dominar la transición, y cómo obtener el galardón que usted intenta alcanzar en la vida. Cambie su trayectoria es un manual del Siglo XXI para el aprendizaje de por vida. ¡Asimílelo, luego póngalo en práctica y observe lo que sucede!.

—*Obispo Mark Chironna, MA, PhD*
Ministerios Mark Chironna
Church On The Living Edge
Orlando, Florida

Leer a mi amigo, el Dr. Dale Bronner, siempre es inspirador porque nos transporta a una dimensión de la vida que va más lejos de lo que se observa normalmente. Este libro, *Cambie Su Trayectoria*, es un ejemplo claro de que lo mejor es posible y que aprender a interpretar la vida es un arte en el que nunca terminamos de crecer. Disfrutará la forma en que el doctor Bronner le presenta la idea de enfrentar el cambio y de vivir la transición. Los cambios no tienen que ser frustrantes; son para ser vividos en un proceso que nos permita aprovechar la oportunidad, disfrutar el momento, y vivir la experiencia con sentido de realización y propósito. Estoy seguro que disfrutará cada página, como lo he hecho yo.

—*Sixto Porras*
Director Regional
Enfoque a la Familia

Para llegar a nuevos lugares, necesitamos tener nuevas miradas. Este libro te dará la posibilidad de conocer nuevos lugares, pero también te dará la tranquilidad de saber el camino por el que transitarás. En un mundo de incertidumbres, faros como el Obispo Bronner nos permiten ver más, para ser quienes fuimos llamados a ser. Cuando tuve el privilegio de conocerle, supe que estaba conociendo a alguien que traería nueva luz, nuevas distinciones y nuevo lenguaje a una generación. Y que lo que enseñaba, lo vivía intensamente cada día. Sabemos que el lenguaje genera realidades, que genera cambios, que genera oportunidades. Aprovecha cada palabra que aquí leas y seguramente tú también serás una posibilidad para tu comunidad.

—*Dr. Héctor Teme*
Autor de *Emociones que conducen al éxito*
HectorTeme.com

A menos que estemos dispuestos a aventurarnos a lo que está por delante a fin de experimentar grandes cosas en Dios, parece que jamás llegaremos. Mi buen amigo, el Obispo Bronner, ha escrito un libro que le ayudará a navegar por el cambio en la trayectoria que está frente a usted. Yo he visto a Dios llevarme a niveles que jamás he soñado, pero Él me ha ayudado a tener grandes sueños y ha superado mis expectativas. Este libro es una herramienta que puede ayudar a toda persona a avanzar más alto en la vida.

—*Tommy Barnett*
Fundador de Dream Center
Co-pastor de Phoenix First Assembly
Phoenix, Arizona

El libro *Cambie Su Trayectoria* del Obispo Bronner ofrece la fórmula para transformar una vida mediocre en una vida singular de excelencia, influencia y satisfacción sin igual. Aquí se detalla el camino para alcanzar logros absolutos en la única vida que tenemos. Cada lectura provee reflexiones adicionales que enriquecen la vida, inspiradas por este pensador excepcional. Usted leerá por treinta minutos y luego meditará durante tres días en las verdades aprendidas. Yo pienso dar una copia de este libro a mis ejecutivos.

—*Dr. John Haggai*
Fundador del Instituto Haggai

El cambio ya es un proceso difícil, pero cuando hay tanto en juego, aun la fe de los mejores se ve sacudida. Este libro guía extraordinariamente al lector a través de las tensiones inevitables del cambio de trayectoria. El Obispo Bronner lo ha logrado una vez más. Este libro es una lectura obligatoria para todo el que necesite estrategias comprobadas para la transición entre el "ahora mismo" y el "todavía no".

—*Obispo Joseph Warren Walker, III*
Pastor principal de Mount Zion Baptist Church
Nashville, Tennessee
Obispo Presidente de Full Gospel Baptist Church Fellowship International

Cuando la sabiduría llega a sus manos, tiene que leerla, procesarla y aplicarla para que cause el impacto deseado. En su nuevo libro *Cambie Su Trayectoria* mi amigo, el Dr. Dale Bronner, nos enseña de manera magistral cómo ser amos y no víctimas del cambio. Le invito a leer este maravilloso libro y a extraer la sabiduría que se encuentra en él, para que pueda llevar su vida hacia la trayectoria que siempre ha deseado.

—*Jimmy Cornejo*
Pastor Centro Cristiano de Cuenca, Ecuador
Autor del libro *Somos Uno*

Todo individuo experimenta el cambio. Los exitosos no solo saben cómo manejarlo, sino que también lo usan a su favor. El tiempo y espacio entre niveles y etapas se reduce drásticamente cuando se cuenta con un consejo sabio. *Cambie Su Trayectoria*, un libro de Dale Bronner, se llevará años y lágrimas de su trayectoria.

—*Obispo Michael Pitts*
Autor y fundador de Cornerstone Church
Toledo, Ohio
Director de Cornerstone Global Network

DALE C. BRONNER

CAMBIE SU TRAYECTORIA

WHITAKER HOUSE

Nota: El texto en negrita indica énfasis del autor.
Las definiciones son tomadas del Diccionario de la lengua española © Real Academia Española, 2015

Traducido al español por: Grupo Scribere

Edición: Ofelia Pérez

CAMBIE SU TRAYECTORIA:
Haga del resto de sus días lo mejor de su vida

Dale Bronner
212 Riverside Pkwy
Austell, GA 30168
contact@woffamily.org
www.woffamily.org

ISBN: 978-1-62911-570-2
ISBN de eBook: 978-1-62911-592-4
Impreso en los Estados Unidos de América

Whitaker House
1030 Hunt Valley Circle
New Kensington, PA 15068
www.whitakerhouse.com

Por favor, envíe sugerencias sobre este libro a: comentarios@whitakerhouse.com.

1 2 3 4 5 6 7 8 9 10 11 22 21 20 19 18 17 16 15

Agradecimientos

John Donne escribió: "Ningún hombre es una isla entera por sí mismo", por lo que debo agradecer a una multitud de personas que han influenciado mi vida y han cambiado mi trayectoria muchas veces. Lo que normalmente cambia la trayectoria de un individuo es la influencia de otra persona que hace el papel de catalizador en su vida. A veces mi vida ha cambiado por causa de aquellos que han llegado a mi vida; otras veces ha cambiado por aquellos que han salido de ella.

Estoy agradecido eternamente por los muchos mentores que han guiado mi vida y me han ayudado a convertirme en el hombre que soy. Al hacer un emocionante recorrido por la increíble trayectoria de mi vida, quiero reconocer a mis primeros héroes, mis padres, Nathaniel Bronner, Sr. (Q.E.P.D.) y Robbie Bronner. Ellos me amaron, me desafiaron, me animaron y me apoyaron de manera excepcional. Yo comencé mi ministerio en el hogar de mis padres, donde enseñé durante trece años.

Quiero agradecer a mi maestra de sexto grado, Sra. Sylvia Sewell (Q.E.P.D.), quien me inculcó un amor por el inglés, la gramática y la poesía. Agradezco también a mi maestra de español en la escuela secundaria, la Dra. Shirley Kilgore, por sembrar en mí un amor hacia el idioma español y por hacer que su aprendizaje fuera divertido. Siento profunda gratitud por el Dr. Aníbal Bueno, mi maestro de filosofía en la universidad, quien me desafió a pensar profundamente en la verdad. Y aprecio profundamente al Dr. Ronald Cottle, quien hizo que el hebreo y el griego cobraran vida para mí mientras yo cursaba mi doctorado.

Recibí mi licencia y fui ordenado como ministro a la tierna edad de dieciocho años gracias a la voz profética de mi pastor, el Reverendo Dr. William Holmes Borders, Sr. Me siento agradecido porque él vio el llamado de Dios sobre mi vida, aún antes de que yo lo reconociera. Luego me ordenó e hizo la oración de instalación en mi primer pastorado.

Mi vida tomó otra trayectoria importante cuando me casé con el amor de mi vida, mi novia de secundaria, la Dra. Nina Bronner, quien me dio cinco hijos maravillosos. Ella es quien me alienta, mi confidente, mi compañera de vida y mi amiga.

Quiero agradecer al Dr. Edwin Louis Cole (Q.E.P.D.) por ser un verdadero padre espiritual en mi vida y al Dr. John C. Maxwell por ser mi mentor personal. También agradezco al Dr. John Haggai por ser mi mentor; su sabiduría me ha librado de cometer algunos errores costosos. Él es un motivador de lujo y un inflexible partidario de la Biblia.

Quiero reconocer el impacto que mi amigo, el Dr. Joel Katz, ha tenido sobre mi vida. Él ha ensanchado mis horizontes y me ha dado experiencias que me han puesto en nuevas trayectorias.

Finalmente deseo agradecer al maravilloso personal y a los líderes de Whitaker House por creer en mí y hacer la inversión para hacer posible este libro.

Estoy continuamente agradecido por todas las relaciones que Dios ha traído a mi vida. Cada una ha hecho una contribución única y ha impactado mi vida de manera positiva.

Mas ante todo, reconozco que todo lo que soy es ¡por la majestuosa gracia de Dios!

Contenido

Prólogo

Cuando me presentaron por primera vez el emocionante concepto que se convertiría en el sustrato del libro *Cambie Su Trayectoria*, mi mente se remontó a otro tiempo en nuestra historia. Era el año 1978, el escritor era Bernard Ighner, la salmista era la incomparable Nina Simone. Junto con la legendaria producción del Sr. Quincy Jones, colaboraron para producir una canción que resonó con los tiempos. La canción resaltaba esta gran verdad, la cual ha incrementado en valor con el pasar del tiempo.

"No hay muchas cosas en la vida de las que puedes estar seguro", afirma la canción. Esto era verdad en 1978, pero hoy no solo es cierta la certidumbre del cambio, sino también el ritmo al que llegan los cambios. Más rápido que la precipitada marea de un tsunami, el mundo se levanta cada mañana para descubrir que ninguno de los absolutos de ayer está firme hoy. A la mañana siguiente, la presión y el ritmo del cambio ya han hecho obsoletas las soluciones de ayer. Nos mantiene a todos a la vanguardia de la creatividad, o al borde de un puente, considerando un salto en las frías aguas de la derrota.

Mientras algunos han sucumbido a la indiferencia y otros a la decadencia, ninguno de nosotros puede decir que no nos hemos consternado con cada nuevo titular sobre la venta de compañías *Fortune 500*, matrimonios que terminan, las caídas de los mercados bursátiles y los precios de la gasolina subiendo y bajando.

Nuestra sociedad está cambiando a una velocidad vertiginosa, y nuestro mundo está lleno hasta el borde con valores cambiantes, fluctuaciones en el valor de las propiedades y tendencias de cambio en el comercio minorista. Nina cantó la letra de la canción: "No hay muchas cosas en la vida de las que puedes estar seguro". Cuando todo a nuestro alrededor comienza a hundirse, cambiar y quebrarse, buscamos una ventaja estratégica a la que podemos enfrentar lo incierto con una estabilidad que trasciende y que no está predicada en las circunstancias externas para sostenerse a sí misma. ¡Nina tenía razón!

Uno se pregunta: ¿es necesaria una bola de cristal para saber en quién y para qué podemos alinear nuestros esfuerzos a fin de proveer una confiabilidad estable y estratégica? Nosotros buscamos las oportunidades para influenciar y afectar la cultura desde un lugar anclado que no ha sido engullido por la corriente, o arrastrado por la nueva ola o el voto cambiante.

No podemos cambiar el mundo al nivel de la vista. Debemos alcanzar altura para ver exactamente qué podemos hacer desde una perspectiva proactiva. Ya sea que usted dirija un ejército, un ministerio, una empresa, o su hogar, hay un nivel de presión y estrés inherentes simplemente porque habitamos en medio de tiempos inciertos y personas inestables, y todos nosotros tenemos el deseo de triunfar a pesar del ambiente.

La singularidad de la visión del Dr. Dale Bronner puede provenir en parte de la rara ventaja heredada de su padre, Nathaniel Hawthorne Bronner, Sr. (Q.E.P.D.), quien desafió todo pronóstico, y superó el atolladero de la depresión cercana y los disturbios raciales de la época. Él fue un hombre de color quien, en 1947, levantó la marca multimillonaria *The Bronner Brothers*, un imperio de productos de cuidado del cabello. ¡De tal palo tal astilla! Dale Bronner fue engendrado en medio de líderes desafiantes, y creció en un salón lleno de ellos. En consecuencia, él nos trae la riqueza de la sabiduría de todos aquellos nacidos antes que él. Él ha encontrado un lugar estable a través del cual usted y yo podemos navegar por los cambios de nuestros tiempos y seguir siendo productivos, e incluso florecer en un tiempo que a menudo es tan impredecible como una hipoteca de tasa ajustable.

Este pensador profundo tiene sus manos llenas. En la una tiene el sentido empresarial inherente a la industria familiar de la que proviene. En la otra, el Dr. Bronner se sienta a la cabeza de Word of Faith Family Worship Cathedral, un modelo de mega iglesia altamente respetado, que supervisa a miles de líderes profundamente intelectuales de pensamiento, empresarios, y personas que cuidan de sus familias. Por lo tanto, mediante la dualidad en sus manos recibimos el don de la fe y las finanzas, lo secular y lo sagrado. Él se dirige a ambas necesidades con comodidad y sin quebrantar los principios de ninguna. Su comentario puede extrapolar las tendencias de la amplia gama de influencias que tiene a su disposición para determinar qué funciona y qué no funciona. Él nos recuerda que las personas inflexibles serán devoradas por el cambio, mientras que las personas proactivas están cenando en las oportunidades suculentas que a menudo pasan desapercibidas en estos tiempos de cambio.

Su libro, *Cambie Su Trayectoria*, es una voz clara hablando a través de un sistema de *GPS* en un camino sinuoso, proveyendo dirección clara y concisa, y nueva calibración cuando sea necesario para aquellos que tienen una necesidad de redirigir sus vidas y restablecerse en una postura más relevante.

La pregunta sigue siendo: con todos los cambios que nos rodean, ¿qué cambios necesitamos hacer en nosotros? Nuestros pensamientos, nuestra estructura organizativa, nuestras asociaciones, nuestro personal, todos son examinados por esta obra literaria que sopla la bocina en nuestros oídos para que no vayamos a sucumbir a las cada vez mayores pérdidas del cambio. Sería suficiente que el libro de Bronner solo esperara rescatarnos de la calamidad, pero él ha excedido ampliamente esa meta al presentar principios que permiten a algunos navegar en ambientes en los que otros sucumben.

Si usted quiere montarse en las olas del cambio, sin duda tendrá que hacer algunos cambios. Las personas como yo se dan cuenta de la liquidez del pensamiento y la agilidad mental necesarias para tener éxito en este ambiente actual. Pero lo que más me emociona de este libro es cómo el Obispo Bronner cava profundamente en la especificidad de los detalles, mostrándonos *qué* necesita cambiarse y por qué necesita cambiarse para transformar la adversidad en una oportunidad latente.

Conozco al Dr. Bronner desde hace muchos años. Lo he visto construir, comprar, dirigir, ser padre y prosperar, a medida que nos compromete a todos a ser mejores pensadores y más profundos. Su capacidad ambidiestra para mantenerse relevante en el espacio de la fe, sin perder su relevancia en el mundo de los negocios, no tiene rival. Él ha dado conferencias y ha ministrado en todo el mundo. Su visión para los negocios trae una discusión mucho más amplia al tema del cambio que a menudo ha sido ignorado por material tradicional basado en la fe.

La letra de "Todo debe cambiar" luego cantaba suavemente: "Y los misterios se despliegan". Este libro nos invita a ver el despliegue de auténtica revelación. Ya sea por tierra, aire o mar, usted querrá tomar este camino. ¿Todos a bordo? Usted está a punto de despegar de la pista de la vida rutinaria y familiar que usted vive, hacia una dimensión mucho más alta de preparación entusiasta y un pensamiento que le dispondrá a terminar fuerte. Salga de la parte trasera del autobús, donde está sentado como una víctima de un sistema; ¡fuimos llamados a cambiar! Los que lideran y tienen éxito difieren de los que fracasan, vacilan y se deterioran, en sus logros, solo por el nivel en el que piensan y planifican sus próximos movimientos.

Así que yo le advierto que se abroche el cinturón de seguridad, almacene su tradicionalismo debajo del asiento de la cabina, y prepárese para despegar hacia los vientos irritantes del cambio, con el poder que necesita para mantener el impulso ascendente. Le animo a que respire profundamente y pase la página en un libro que cambiará su vida. ¡Señoras y señores, estamos listos para el despegue! Pase la página y levante las ruedas de su mente. ¡Es el momento de cambiar el juego!

—*Obispo T. D. Jakes*
Principal Oficial Ejecutivo
TDJ Enterprises
Autor de éxitos de ventas del *New York Times*

PRIMERA PARTE:

Enfrentar y abrazar la incertidumbre de hoy

1

La nueva normalidad: El cambio y la incertidumbre

¡Tantas cosas suceden en la vida que no podemos prever! Cuando pensamos que ya lo tenemos todo resuelto, la vida misma tiene sus maneras de trastocar el programa, alterando nuestros planes. Usted se casa para vivir "felices para siempre", pero se entrometen problemas entre el matrimonio y el "felices para siempre", y su felicidad se evapora. Comienza en un nuevo trabajo, inicia una nueva carrera o crea un nuevo negocio, pero aparecen obstáculos imprevistos, y pronto se da cuenta de que su sueño tocó fondo (y también su billetera).

Va a hacerse un examen médico, y el doctor le da un informe que sacude sus cimientos. O tiene un accidente, y en tan solo una fracción de segundos usted, que era tan fuerte e independiente, queda incapacitado. Ahora necesita a alguien que sea sus pies y sus manos, cuando ha estado tan acostumbrado a hacerlo todo por sí mismo. O después de una conversación explosiva, corre peligro una amistad o una relación amorosa que usted pensaba que estaba sólida.

Así de rápido, toda su existencia como la conoce puede tornarse al revés. No le quepa duda: usted va a pasar por terremotos y tsunamis personales que sacudirán su vida, le harán perder el balance y le dejarán preguntando: "Dios, ¿cómo se supone que responda a esto? ¿Cómo pudiste permitir que esto sucediera?".

El alcance del cambio

Esta incertidumbre siempre ha sido un factor a nivel personal, pero ahora más que nunca, pienso yo, es igual a nivel cultural. A nuestro alrededor, donde quiera, hay cambios rápidos. La incertidumbre es la nueva normalidad. Vemos cambios continuos en la tecnología, en las comunicaciones, en el transporte, en la economía, en el gobierno y en la política. El cambio está rampante en todas las industrias y los comercios: en la manufactura, la electrónica, el procesamiento de alimentos, el mercadeo, las publicaciones, las finanzas, la construcción, el seguro, el cuidado de la salud, la educación, el entretenimiento, todos los ámbitos han cambiado dramáticamente. Es real, no solo en nuestro país, sino en todas partes; en todo el mundo estamos viendo cambios sísmicos, conmociones y transformaciones.

LA INCERTIDUMBRE ES LA NUEVA NORMALIDAD.

Piense en el Medio Oriente, cómo el Estado Islámico (*ISIS*, por sus siglas en inglés) salió de la nada y se adueñó de territorio en cuestión de meses. Mire la división, las vidas perdidas, los tesoros de incalculable valor histórico que fueron destruidos en un segundo. Piense en el conflicto de Ucrania, o los problemas económicos que azotan a Europa. Piense cuántos dictadores se han levantado en todo el mundo, han gobernado, y luego han caído, ¡solo en el transcurso de su vida! Y usted está sentado en el sofá frente al televisor, diciendo: ¡Pensé que este tipo nunca perdería el poder!".

Imagínese que nació hace varias décadas, pero la mayor parte de su vida ha estado en coma y ahora despertó. ¡Usted ni siquiera sabría cómo conducirse en estos tiempos! Todo este cambio constante parece estar arraigado profundamente en el sistema de funcionamiento de nuestro mundo moderno. Si las cosas no estuvieran en constante cambio, nuestro mundo, tal como lo conocemos, se derrumbaría. Nuestra cultura está en una búsqueda frenética para desarrollar formas mejores, mucho mejores y muchísimo más eficientes para hacer las cosas, y eso se va reflejando en nuestra vida diaria.

Tome la electrónica, el ejemplo más visible. Se espera que en cuestión de meses o unos pocos años como máximo, usted necesite un nuevo teléfono celular, una computadora más actualizada junto con un flujo constante de nuevos *softwares*, un sistema más adelantado de televisión, y un nuevo y mejor modelo de cualquier otro dispositivo electrónico que usted posea. En los días de su abuela, si usted le decía: "Abuelita, pronto vas a necesitar un nuevo teléfono", ella respondía: "No, mi niño, mi teléfono funciona muy bien". ¡Ella seguramente no iba a comprar un teléfono nuevo mientras el suyo tuviera tono! Pero ya no se espera que la gente piense o actúe de esa manera.

La tecnología ha cambiado incluso la forma de hacer sus compras de comestibles. Años atrás, si usted vivía en una ciudad pequeña (como la mayoría de nosotros) y compraba en su tienda local de comestibles, simplemente entraba, tomaba la mercancía que necesitaba y le decía al vendedor que lo pusiera a su cuenta. ¡Ni siquiera necesitaba dinero porque todo el mundo lo conocía! Ellos llevaban el control de lo que había comprado en la tienda, y decían: "La señorita Wilson llevó $25 hoy". Yo recuerdo que por aquellos días, mi mamá iba a la tienda de comestibles, llevaba seis bolsas de comida y la compra le salía en $25. ¡Hoy uno compra una libra de pan y una bolsa de papas fritas, y le sale en $25! Todo ha cambiado.

Flujo y reflujo

En este libro voy a ayudarle a captar plenamente el significado de este simple hecho: el cambio está ocurriendo. Es un cambio constante que lo abarca todo, con una variedad de efectos. Es como la orilla del mar: cada vez que algo emerge de las profundidades, algo se sumerge en las profundidades. Siempre que algo llega, algo se va. A menudo nos sentimos arrastrados y llevados por esos movimientos de las mareas. A veces Dios lo trae hacia adelante, y es como si Él le dijera: "¡Es tu tiempo! ¡Es tu tiempo! ¡Es tu tiempo!". En otras temporadas, los aspectos de nuestras vidas que han estado adelante son desechados, y podemos escuchar esa voz que resuena: "¡Se acabó el tiempo! ¡Se acabó el tiempo! ¡Se acabó el tiempo!".

Tal vez se ha sentido frustrado e incapaz de seguir adelante. Ha estado sentado mirando cómo otros son bendecidos con casas nuevas, esposos o esposas, nuevos trabajos, nuevos títulos, nuevos puestos. Usted los ha visto vivir sus sueños, realizar sus proyectos, y se ha preguntado: "Señor, ¿cuándo vendrá mi hora?". Ha estado mirando a las personas jugando el indescifrable juego de la vida, saltando la cuerda y divirtiéndose, riendo, sonriendo y yendo hacia adelante, mientras usted se queda atrás y espera. Tal vez, incluso, usted se cansó de esperar, trató de entrar en acción y lo único que logró fue enredarse en la cuerda, porque simplemente no era su momento.

SIEMPRE QUE ALGO LLEGA,
ALGO SE VA.

Pero yo le aseguro y le declaro que en el flujo y reflujo de todo lo que Dios está haciendo, ¡las cosas se están preparando para cambiar!

Eso va a significar una nueva trayectoria para usted. Puede confiar en que Dios lo va a reposicionar en el lugar correcto en el tiempo correcto.

Incluso, si ha estado en desventaja por causa de algo o algo lo ha desviado, se acerca el momento cuando será movido hacia adelante. Su canción está a punto de sonar de un lado a otro, mientras se apagan las canciones de los demás. Algunos de los que ahora son desconocidos, serán traídos a la prominencia; otros que actualmente se encuentran en una posición destacada, pronto se desvanecerán en la oscuridad y el olvido. Esto es obra de Dios, porque *"a éste humilla, y a aquél enaltece"* (Salmos 75:7). Dios levanta a unos y suprime a otros.

Algunas cosas se están preparando para cambiar de lugar, y no a través de su intelecto o manipulación. Recuerde eso mientras hablamos de cambios. No tiene por qué ser malo, y todo sucede por causa del Señor. Hay muchos más acontecimientos que se están preparando para cambiar ahora, pero siempre es el mismo Dios el que será glorificado.

DIOS LO VA A REPOSICIONAR EN EL LUGAR CORRECTO EN EL TIEMPO CORRECTO.

Dios está en medio del cambio

A veces, cuando estamos en un momento de cambio, en los momentos de reflujo pensamos que Dios quizás se tomó unas vacaciones, o se fue a dar un paseo, o se olvidó de darnos una vueltecita para ver cómo nos va. Bueno, le voy a dar esta palabra de consuelo: aunque usted no lo ve, Dios está en medio del cambio. Mire a Jacob despertarse después de haber luchado con el Señor: *"Cuando Jacob despertó de su sueño, dijo: 'Ciertamente Jehová está en este lugar…'"*.

Aquí está el detalle: *"...y yo no lo sabía"* (Génesis 28:16).

Ciertamente Dios está en este lugar, "y yo no lo sabía". Algunos de ustedes están ahora mismo en un lugar aterrador de sus vidas, y Dios está con ustedes en ese lugar. Es un lugar difícil. Es un lugar incómodo. No se parece a Dios, no se siente como Dios, pero Dios está con ustedes en ese lugar.

Él está en el lugar de su quebrantamiento. Él está en el lugar de su enfermedad. Él está en el lugar de su divorcio. Él está en el lugar cuando lo despiden de su trabajo. Él está en el lugar donde le han maltratado. Usted podría preguntarse: "Dios, ¿por qué dejas que me sucedan estos accidentes? ¿Por qué permites que me enfrente a situaciones que no siento que pueda manejar yo solo?". ¡Tenga por seguro que Dios está en ese lugar, aunque al igual que Jacob, usted no lo sabe! No se dio cuenta de que Él estaba guiando sus pasos; ¡de que Él todavía está guiando sus pies!

Aunque esté pasando por el medio de un infierno, Dios dice: "Yo estoy ahí". Si usted levanta sus alas y vuela a los confines del mar, Dios dice: "Yo estoy ahí". Cuando la oscuridad se cierne a su alrededor, allí Dios le ayudará y le guiará con su diestra. (Véase Salmos 139.)

Dios le dice: "Nunca te dejaré ni te desampararé. Yo estaré contigo en tu problema. Yo estaré contigo en tu enfermedad. Yo estaré contigo en tu aflicción y en tu persecución. Yo estaré allí contigo. Yo estaré en los momentos cuando sientes que no puedes manejar la situación. Yo estaré contigo en tu soledad y en tu aislamiento. Yo estaré en tu quebrantamiento y tu contrición. Yo estaré contigo ahí".

Usted puede estar en lugares de desconcierto, de frustración, de confusión, de escasez. Pero no se le ocurra pensar que puede estar en algún lugar donde Dios no esté presente.

De la misma manera que este preciado hombre, Jacob, no se dio cuenta de la presencia de Dios hasta que despertó, usted se ha quedado dormido. Sin embargo, ya va despertando de su sueño. Dios está sacudiendo las cosas para despertarlo y cuando se levante, va a darse cuenta de que la mano del Señor estuvo todo el tiempo con usted.

USTED PUEDE ESTAR EN LUGARES DE DESCONCIERTO, FRUSTRACIÓN, CONFUSIÓN, O ESCASEZ. PERO NO SE LE OCURRA PENSAR QUE PUEDE ESTAR EN ALGÚN LUGAR DONDE DIOS NO ESTÉ PRESENTE.

Pensará que Dios le está juzgando, que le ha rechazado, que está enojado con usted, pero yo le tengo noticias: Él le ama. Usted es la niña de sus ojos, Él tiene muchas cosas guardadas para usted, ¡y solo Él puede darle el poder de actuar!

Respuestas al cambio

Entonces, ¿qué hacemos con todo este cambio? Ya sea que estemos en un reflujo o en un flujo, ¿cómo nos adaptamos y respondemos? ¿Cómo nos abrimos paso a través de todo este increíble cambio y de esta incertidumbre?

De lo primero que quiero que sea consciente es que puede tener gozo en esta travesía. Sí, habrá muchos desafíos, sorpresas y dificultades, pero va a ser una travesía increíble. ¡Gracias a Dios por eso!

En segundo lugar, en estas páginas va a encontrar muchas cosas que pueden bendecir su vida y darle sabiduría para esta travesía hacia el cambio. Quiero ayudarle a mejorar el resto de su vida.

Es cierto que la mejor parte de su vida viene solo cuando abandone esta vida. Dios reserva lo mejor para el final. ¡Cuando usted trabaja para el Señor como un soldado en su ejército aquí abajo en esta tierra, su paquete de jubilación está fuera de este mundo! ¡Eso es verdad! Pero también quiero que se dé cuenta de que si aprende en este preciso momento cómo encaminarse en una determinada trayectoria para hacer las cosas de cierta manera (mientras el Espíritu de Dios está en el proceso de cambiarnos en tantas áreas), también tendrá la oportunidad de experimentar la bendición de Dios en muchos ámbitos de la vida, en el tiempo que Él le da aquí en la tierra.

Así que vamos a situarnos en una nueva trayectoria.

CAMBIE SU TRAYECTORIA Y RECUERDE:

1. Los cambios ocurren constantemente.
2. Siempre que algo llega, algo se va.

3. Dios está con usted en medio de todos sus cambios, aunque usted no lo sepa.
4. Dios lo prepara todo para reposicionarlo.
5. Puede tener gozo en medio de la travesía.

2

El cambio vs. la transición

El cambio puede estar sucediendo a nuestro alrededor, pero eso no significa que nosotros lo entendamos. El clima también sucede a nuestro alrededor todo el tiempo, y ¿entendemos el clima? ¡Difícilmente! Ni siquiera los meteorólogos lo entienden. ¿Cuántas veces han pronosticado un fin de semana soleado y resulta que luego llovió en su fiesta? Yo no puedo enseñarle cómo hacer un pronóstico del tiempo, pero sí puedo ayudarle a comprender mejor el cambio. Para empezar, vamos a diferenciar entre la transición y el cambio, porque no son lo mismo.

¿Cuál es la diferencia?

Transición es el procesamiento emocional, relacional, financiero y psicológico del cambio. Quiero que lea esto con mucho cuidado. Cada vez que atravesamos un cambio en nuestra vida es la transición la que nos derriba; muchos de nosotros fallamos durante la transición. Nos enredamos en la transición; no sabemos manejarla bien. Nos sentimos mal durante la transición porque nos obliga a improvisar lo imprevisible. Es la transición, no el cambio, la verdadera culpable de cómo nos sentimos. Por eso tiene que prepararse para la *transición,* no para el *cambio* en sí.

Sin embargo, lo que más golpea a las personas es que no hacen suficiente planificación para la transición. No están listas para la montaña rusa emocional que van a experimentar en tiempos de cambio, o para las transiciones que se requieren en ciertas relaciones, o los ajustes en sus finanzas, o el tiempo y la energía necesarios para procesar psicológicamente el cambio. Descuidamos la planificación de la transición, simplemente porque no hemos pensado con antelación todas las diferentes áreas que serán impactadas por el cambio.

TIENE QUE PREPARARSE PARA LA TRANSICIÓN, NO PARA EL CAMBIO EN SÍ.

¿Por qué las transiciones nos toman por sorpresa? Porque son *internas*, invisibles, así que no podemos verlas venir. Son las cosas que están sucediendo en el interior. En el momento que me encuentro con el cambio, ¿qué está sucediendo dentro de mí? ¿Cómo estoy lidiando con el cambio desde el punto de vista emocional, relacional, económico y psicológico? Estas cosas son internas. Cuando usted llega al momento de la transición, va a pasar por un nuevo dolor. La transición es un lugar terriblemente incómodo para usted. Va a empezar a sentir dolor y ni siquiera va a entender dónde le duele; va a pensar de esta manera: *Jamás me había dolido tanto. Nunca me he enfrentado a este tipo de problemas. Nunca antes había llegado a este punto en mi vida.*

El cambio, por otro lado, es algo típicamente externo. Puede ser un traslado a un lugar nuevo, la pérdida del empleo, la muerte de un ser querido, la bancarrota, un accidente o una enfermedad debilitante, un cambio en nuestro estado civil o en el tamaño de la familia. Todos estos son acontecimientos externos y cuestiones de cambio.

Sin embargo, todo cambio requiere una transición; requiere un ajuste interno que nuestra carne esquiva.

Nos gusta la consistencia. Por eso queremos regresar y sentarnos en el mismo asiento en el que siempre nos sentamos, y aparcar en el mismo espacio de estacionamiento. Nos ponemos histéricos si alguien ocupa nuestro asiento en la iglesia. Todo cambio implica pérdida, y nosotros detestamos eso. Es perder lo familiar, perder aquello con lo que nos sentimos cómodos.

TODO CAMBIO REQUIERE UNA TRANSICIÓN; UN AJUSTE INTERNO.

Es por eso que nuestro gobierno, cuando quiere cambiar algo, por lo general lo va haciendo por fases, en un período de cinco, diez, quince años. ¡Ellos quieren que lo externo se alinee con lo interno, pero sin causar molestias a nadie para que nos resulte aceptable!

Mas tenga cuidado, porque también puede suceder a la inversa. A veces lo interno se alinea con lo externo, hasta cuando no debería. En ocasiones los cristianos empiezan internamente a alinearse con los cambios externos que ven en la cultura, lentamente, hasta que cinco, diez, quince años más tarde, se han alejado a kilómetros de la meta que Dios quería. ¡Solo un poco de levadura fermenta toda la masa, si se le da suficiente tiempo! Por lo tanto, necesitamos nuestra doctrina cristiana y nuestros líderes incondicionales en la fe, que entienden lo que nunca debe cambiar, lo que es inamovible. Entonces podemos responder a los cambios externos con transiciones internas que sean correctas y buenas.

Transiciones en el hogar

Usted no tiene que mirar muy lejos para encontrar las cosas que le lanzan hacia la transición y el cambio. Quiero compartir algunos ejemplos: los que golpean el hogar más de cerca debido a que ocurren, justamente, bajo su propio techo.

Casarse es un cambio que, sin duda, le pone en un período de transición. Necesita un gran cambio en sus prioridades. Necesita un ajuste emocional y financiero, cuando menos. Cuando estaba soltero compraba lo que quería y cuando lo quería. Pero ahora, al ser una persona casada, siempre tiene que consultar con alguien. Ya usted no es el centro de su vida. ¿Está casado? Tal vez todavía esté en estado de *shock*, todavía esté tratando de recuperarse. Quizás todavía está pensando: *¿Pero cómo fue que yo...? ¿Qué me pasó?*

¿Qué tal el nacimiento de los niños y su entrada a la vida familiar? Por una parte, criar a los hijos cuesta mucho dinero. Por la otra, requiere un gran esfuerzo. Al comienzo, los niños siempre lo despiertan a media noche, y sus patrones de sueño cambian drásticamente. Luego en la medida en que crecen, presentan todo tipo de exigencias y retos únicos que requieren de usted una transición. Esto sigue así, sin parar, hasta que trata con sus hijos ya adolescentes, cuando usted a veces se pregunta si este hijo suyo ha perdido la cabeza. Los adolescentes entran en el profundo proceso de transición de ser un hijo dependiente a convertirse en un adulto independiente, por lo que experimentan una tremenda transición, al igual que sus padres.

Otra transición derivada de tener hijos está en cómo usted, el padre, se ve a sí mismo. Usted obtiene una visión de cómo usted es un enlace con otra generación. Recordará que una cadena es tan fuerte como su eslabón más débil, por lo que se vuelve más consciente de sus propias deficiencias. Se da cuenta de que puede no ser todo lo que necesita y quiere ser como padre, y que las consecuencias se extienden mucho más allá de su propia vida.

Del mismo modo, la muerte de un cónyuge, inesperada o no, trae consigo una gran transición. Es un evento traumatizante que pone su vida de cabeza durante mucho tiempo, a medida que experimenta los efectos emocionales, financieros, psicológicos, y otros efectos de procesar este cambio monumental. Mucho tiempo después del funeral, cuando han cesado las llamadas telefónicas de amigos y nadie más visita su casa, la transición continúa. Siempre se despierta a media noche porque oye algo, y ahora usted es el único en la casa para responder. Usted está constantemente dándose cuenta de todas las cosas que su cónyuge hacía, pero ya no está presente para hacerlas.

Un divorcio puede lanzarlo a una transición similar, pero a veces con un exceso de equipaje.

Respuesta al cambio y la transición

Ya que la nueva normalidad en el mundo actual son el cambio y la incertidumbre, junto con todas las transiciones y el estrés que estas implican, quiero darle una amplia visión de conjunto de lo que podemos hacer al respecto, cómo podemos prepararnos y permanecer preparados. Vamos a tener mucho más que decir sobre todo esto en los siguientes capítulos, pero quiero darle un poco de ayuda práctica de inmediato. Aquí hay cuatro acciones esenciales que le ayudarán a responder a los cambios:

Adáptese

En primer lugar, siempre esté dispuesto a adaptarse, ya que las condiciones cambian y se mantienen cambiando. Usted tiene que mantenerse firme, flexible y sagaz. Bienaventurados los flexibles, porque ellos no serán doblegados hasta perder la forma.

BIENAVENTURADOS LOS FLEXIBLES, PORQUE ELLOS NO SERÁN DOBLEGADOS HASTA PERDER LA FORMA.

En tiempos inciertos, cuando llegan las olas de cambio, tiene que ser capaz de rodar con ellas y mantener la cabeza fuera del agua.

Esto es especialmente cierto, por ejemplo, en los negocios, donde su competencia siempre estará evolucionando y creciendo; usted tiene que estar siempre a la vanguardia. Imagínese lo absurdo que hubiera sido por parte de McDonald's si no hubiera empezado a servir ensaladas en sus restaurantes cuando las personas se hicieron más conscientes de la salud. No podía ofrecer solo hamburguesas y papas fritas a las personas que contaban sus calorías. Usted puede ir a McDonald's y comer algunas rodajas de manzanas; ¿quién lo habría pensado? *Frappucinos*, café con leche, ensaladas; McDonald's sin duda supo cómo adaptarse a la demanda. Cuando cambia la demanda, hay que reevaluar las cosas, reorganizarlas y reestructurarlas.

Se supone que Charles Darwin fue el que una vez dijo: "La supervivencia no está ligada necesariamente a la más inteligente o la más fuerte de las especies, sino a la que es más adaptable al cambio". Tiene que estar dispuesto a cambiar su trayectoria si se da cuenta de que no está en el camino correcto y no está consiguiendo los resultados correctos.

Mejore

En segundo lugar, tenga como objetivo mejorarse a sí mismo; siempre *mejorar* y hacerlo *mejor*. Deje que el mejoramiento constante sea su meta. La vida es un constante proceso de evaluación, adaptación, ajuste, y luego mejorarse a sí mismo sobre la base de todo eso. Nunca será capaz de aumentar lo que hay en su mano hasta que aumente lo que hay en su cabeza.

Nunca podrá vivir a un nivel más allá de lo que tiene la habilidad de pensar.

NUNCA PODRÁ VIVIR A UN NIVEL MÁS ALLÁ DE LO QUE TIENE LA HABILIDAD DE PENSAR.

Recuerde: lo que importa no es lo que le suceda a usted, sino lo que suceda *dentro de usted*.

Nunca esté satisfecho totalmente con lo bien que se está desempeñando a cualquier nivel. Puede estar en la cima laboral o personal, pero nunca se conforme con eso, porque ese es el comienzo de su decadencia. Tan pronto se acomode, estará invitando al desastre a entrar por su puerta principal. ¡Nunca se conforme con la mediocridad!

Más adelante tenemos más información sobre esto, no se preocupe.

¡NUNCA SE CONFORME CON LA MEDIOCRIDAD!

Observe

En tercer lugar, mantenga abiertos sus ojos. *Observe.* ¿Por qué necesita observar? Porque no puede pensar más allá de aquello a lo que ha estado expuesto; no puede planificar más allá de su nivel de conciencia. Si no ha observado una manera mejor, no tiene cambios posibles para proponer o implementar. Observe a las personas y hable con ellas, porque siempre se puede aprender algo nuevo hablando con las personas. Usted sabe lo que sabe; pero no sabe lo que ellos saben. Mire, escuche y *aprenda.*

Conéctese

Y por último, no solo hable con las personas; conéctese con las personas. Usted aprende muchas cosas cuando habla con otros individuos, así que deje que sus conexiones con otros le conduzcan a mayor observación y sabiduría de su parte. Usted sabe lo que sabe, pero no sabe lo que ellos saben. Así que vincúlese a ellos, y observe. Cuando se conecte con los demás, sea realmente bueno con ellos. Trate a los demás con respeto y cortesía. Valore a las personas. Ame a las personas.

Estas cuatro acciones, adaptarse, mejorar, observar y conectarse, son pautas fundamentales que le permitirán responder adecuadamente a los cambios y planificar con eficiencia para su transición. Ellas constituyen una base sólida para usted en tiempos de incertidumbre. Sin embargo, para ganar aún más tracción para cambiar su trayectoria, obtenga una imagen más profunda y clara de su entorno.

CAMBIE SU TRAYECTORIA Y RECUERDE:

1. Todo cambio requiere una transición.
2. La transición es un proceso interno. El cambio es un evento externo.
3. Planifique para la transición, anticipando las áreas que van a ser impactadas por el cambio.
4. Las cuatro acciones esenciales que le ayudarán a responder al cambio son:
    - **Adáptese:** Tiene que estar dispuesto a cambiar su trayectoria si se da cuenta de que no está en el camino correcto y no está consiguiendo los resultados correctos.
    - **Mejore:** Nunca será capaz de aumentar lo que hay en su mano hasta que aumente lo que hay en su cabeza. Nunca podrá vivir más allá de lo que tiene la habilidad de pensar.
    - **Observe:** Si no ha observado una manera mejor, no tiene cambios posibles para proponer o implementar.
    - **Conéctese a las personas:** Usted sabe lo que sabe, pero no sabe lo que ellos saben.
5. Nunca se conforme con la mediocridad.

3

Aventura en el paisaje marino

Cuando piensa en vivir el resto de su vida en un mundo saturado y turbulento con cambios, ¿qué tipo de imagen le viene a la mente?

Quiero sugerirle una imagen. Hemos hablado ya sobre la *travesía* para responder a los cambios. Sin embargo, no quiero que piense en su travesía como un peregrino que hace su viaje a través de un paisaje terrestre, sino como el capitán de un velero navegando a través de aguas inexploradas, turbulentas. Voy a llamar a esas aguas "nuestro paisaje marino".

El paisaje *terrestre* es en tierra firme. Un paisaje marino es en el agua, donde la superficie es inestable y en un constante fluir. Puede ser que al principio esta imagen no le resulte muy atractiva. ¡En este agitado y turbulento paisaje marino, usted podría marearse!

Sin embargo, yo declaro que usted cobra vida cuando está fuera de su zona de confort.

USTED COBRA VIDA CUANDO ESTÁ FUERA DE SU ZONA DE CONFORT.

Así es realmente nuestra vida en el reino del Espíritu. Siempre que Dios está tratando de hacer algo grande para usted, Él primero va a hacerle sentir terriblemente incómodo. ¡Y lo hace porque Él quiere que usted cobre vida! Cuando está sentado en una gran butaca, con un plato de papitas fritas, sintiéndose a gusto y soñoliento, ahí es cuando Dios le lanzará hacia una situación en la que no sabe si va a vivir o a morir, si se va a hundir o logrará nadar. Ahora Él tiene toda su atención, ¡su completa atención! Y usted está de pie, en alerta, bien despabilado y pensando: *¿Señor? ¿En serio? ¿Por qué?*

Es porque Dios está más interesado en su desarrollo, no en su felicidad. Cuando todo va viento en popa en su vida, cuando todo le sale bien y es bueno, usted se sumerge en un estado de complacencia. Ni siquiera tiene apetito por la Palabra de Dios. Pero cuando está en problemas, todo es inestable. Ha perdido de vista la tierra, y se está preguntando desesperadamente qué hacer, qué dirección tomar y dónde encontrar ayuda. Así es la vida real: un paisaje marino, veleidoso e inestable, que le hará sentir mareos.

DIOS ESTÁ MÁS INTERESADO EN SU DESARROLLO QUE EN SU FELICIDAD.

Lo que esto significa

Cuando navega en este tipo de paisaje marino, muy pronto se da cuenta de ciertas cosas.

En primer lugar, realmente capta que el *ambiente siempre está cambiando*. Olas nuevas se levantan constantemente, y producen ese vaivén que sacude su barco. Si se encuentra en la habitación de un hotel mirando hacia el océano, parece que el paisaje siempre es el mismo. Pero si sale a la playa y observa el paisaje marino real, las olas vienen, forman una cresta, rompen en la orilla y luego retroceden. Cada vez es diferente. Las olas se mueven constantemente y cada vez que vienen, se encrestan en diferentes dimensiones. La superficie del mar sube y baja, formando picos y valles. Usted nunca sabe cuándo una ola lo va a arropar.

Así que no se sienta abrumado; el ambiente que nos rodea está en movimiento. ¿Ha notado que los niños de ahora parecen ser diferentes a cuando nosotros crecimos? Usted se pregunta: "¿Qué le pasa a estos niños? ¿Por qué son tan exigentes?". Todo lo que nos rodea ha cambiado y va a cambiar, en algún momento.

En segundo lugar, *los cambios ocurren más rápidamente de lo que se puede imaginar.* Cree que es hora de una tregua, una pausa, un poco de tranquilidad por un momento, pero la próxima ola no se lo permite, ni la siguiente. Ellas siguen arremetiendo y chocando contra usted.

En tercer lugar, *se encuentra en lugares nuevos.* Impulsado por las olas, va en nuevas direcciones; se dirige hacia nuevos destinos que nunca pudo haber imaginado y se pregunta: "Dios, ¿a dónde voy?".

Por último, se da cuenta que *necesitará hacer correcciones en el rumbo* para llegar al destino que en verdad desea; y tiene que estar dispuesto a hacerlas. Se puede imaginar lo que le sucedería si simplemente estuviera acostado de espaldas sobre un flotador en el océano, sin hacer nada, achicharrándose bajo el sol. Pronto estaría a la deriva, llevado a un lugar nuevo. Incluso si no se moviera, todo a su alrededor estaría en constante cambio. Ahora, si estuviera en tierra, estaría bien. Sus pies andarían seguros sobre tierra firme. Pero no lo está; ¡todos estamos en un paisaje marino! Si descansamos y nos relajamos, vamos a ser arrastrados. Así que será mejor ir pensando hacia dónde realmente quiere ir. Elija el destino correcto, e ice las velas para llegar a él.

ELIJA EL DESTINO CORRECTO, E ICE LAS VELAS PARA LLEGAR A ÉL.

Es por eso que usted necesita el discernimiento y la sabiduría de Dios en su vida dentro de este nuevo y siempre cambiante paisaje marino. Va a tener que emplear el discernimiento para saber cuándo ser persistente en el curso que haya decidido tomar, y cuándo estar dispuesto a cambiar de rumbo. Quiero ayudarle a convertirse en un Maestro Navegante en este paisaje marino. Sobre todo, quiero ayudarle a sensibilizar su oído a la voz del Señor y a que agudice su discernimiento en diversas áreas.

Él nos despierta

Estamos en un período de la historia que es diferente de cualquier otro que la humanidad haya visto jamás. Como mencioné en el capítulo 1, el mundo está experimentando alteraciones significativas. Están ocurriendo cambios sistémicos. Los principios fundamentales en los que se basan nuestra cultura y nuestra sociedad han sido rechazados en muchos aspectos. Mucho de lo que es extraño y nuevo para nosotros está surgiendo de valores y fundamentos que no nos resultan familiares. Entonces, ¿de qué manera nosotros, como cristianos, nos mantenemos fieles y comprometidos con las cosas correctas durante estos momentos inestables, cuando todo el mundo está adoptando principios desconocidos? ¿Cómo nos mantenemos en rumbo cuando el mundo, a menudo, parece estar perdiendo la razón, y la moralidad se redefine tan rápidamente? ¿Dónde está nuestra ancla?

En medio de este océano de cambios, Dios afirma: "Quiero despertar a mi pueblo". La iglesia, el pueblo de Dios, ha estado dormida. Así que Dios está usando una tormenta para despertar a los que duermen. Él va a dejar que todo se ponga tan difícil que inevitablemente usted *tendrá* que cobrar vida.

Él envía tormenta tras tormenta hasta que todas las cosas hechas por el hombre, en las que nos hemos refugiado, se vuelven inestables. Aquello que esperaba que se mantuviera constante y firme en su trabajo y su carrera, ahora está tambaleante. Lo que esperaba que fuera estable en sus relaciones (conoció a una persona, y pensó: *"Bueno, creo que vamos a envejecer juntos*") también está en problemas y convulso. La seguridad que esperaba obtener de sus finanzas, con la que podría relajarse y no tener que trabajar tan duro, también está en turbulencia y descontrol. El mundo parece oscuro.

Todos pasamos por estas sombras, el valle de sombra de muerte: muerte de personas, muerte de esperanzas, muerte de sueños. La *sombra* significa que hay algunas cosas por delante, pero que los detalles están borrosos. Nuestro futuro está en una sombra, y no podemos ver los detalles. Los israelitas que vivieron durante el Antiguo Testamento lo hicieron bajo la sombra de lo que vendría y que sería revelado en el Nuevo Testamento. Mas en Dios, el Padre de las luces, no hay mudanza, ni sombra de variación. Él es el sol, el centro del universo; todo gira en torno a Él, pero Él mismo brilla constantemente, inmutablemente. Él es el mismo ayer, hoy y por los siglos. Dios no cambia; no puede cambiar.

En el paisaje marino de su vida, *muchas cosas* han cambiado; sin embargo, Dios no ha cambiado. Dios le toma su mano para atravesar cada momento de la incertidumbre del cambio que golpea su vida ahora mismo. Este es un tiempo nuevo, con un paisaje marino arremolinado como nunca antes. Y *Dios va a ser su ancla*. Ahora, más que nunca, debe tenerle a Él como su ancla; Él va a evitar que usted se vaya a la deriva.

DIOS VA A SER SU ANCLA. ÉL VA A EVITAR QUE USTED SE VAYA A LA DERIVA.

Dios lo aferrará al ejemplo de hombres y mujeres bendecidos que se mantuvieron fieles a su fe en tiempos pasados. Él le sujetará con el entendimiento de las cosas que son constantes, las cosas que nunca cambiarán, las doctrinas inmutables del cristianismo, porque si usted se sale de la base de su filosofía cristiana para ser contemporáneo y relevante, se puede encontrar a sí mismo hundiéndose en la falsedad. Dios le va a anclar firmemente con un sentido de paciencia y perseverancia.

Las cosas que en el pasado le hacían explotar de ira y descomponerse, las enfrentará ahora con una madurez divina en usted, que le hará levantar sus manos y bendecir al Señor diciendo: "¿Sabes qué, Señor? No voy a preocuparme por eso. Lo que he perdido puede ser reemplazado. Está bien; *todo está bien*". Como escribe Santiago: *"Hermanos míos, gozaos profundamente cuando os halléis en diversas pruebas, sabiendo que la prueba de vuestra fe produce paciencia"* (Santiago 1:2–3). En su tiempo de prueba, le animo a dejar ir esas cosas perdidas del pasado. En su lugar, tenga esperanzas en el futuro.

En la descripción de Jesús, el libro de Hebreos habla de esta esperanza *"la cual tenemos como segura y firme ancla del alma"* (Hebreos 6:19). En medio de toda la incertidumbre existente en nuestro mundo y en nuestras vidas hoy en día, no somos como los que no tienen esperanza. ¡Tenemos un futuro bendito! Los poderes y autoridades de este mundo pueden aprisionar nuestros cuerpos, pero no tienen poder para aprisionar nuestra esperanza.

El cristiano está atado a la esperanza, al igual que un barco está amarrado a su ancla. A pesar de lo que pudiéramos ver o sentir, nuestra esperanza se basa en la Palabra de Dios que recibimos de nuestro Padre amoroso. Estoy tan contento porque Él está vivo y bien, y donde quiera que hay una trayectoria que necesita ser cambiada en nuestras vidas, podemos caer de rodillas delante de Él y decir: "Dios, muéstrame el camino. Venga a mí Tu palabra. Señor, necesito una palabra tuya".

Escuchar Su voz

Necesitamos una palabra de parte del Señor cuando no sabemos si debemos detenernos y esperar, regresar al lugar de dónde venimos, o correr hacia adelante a algo nuevo. Por eso decimos: "Necesito una palabra que venga de Ti, Señor. Necesito dirección. Necesito escuchar Tu voz".

A veces, Dios está tratando de decirnos que quiere que nos acerquemos más. Es por eso que permite confusión en nuestras vidas, tanta confusión que no tenemos ni la más mínima idea de lo que se supone que hagamos. Dios quiere que regresemos a la relación íntima con Él y que entremos en una comunión más profunda como jamás hayamos conocido.

DIOS QUIERE QUE REGRESEMOS A LA RELACIÓN ÍNTIMA CON ÉL.

Él está diciendo: "Quiero que vengas a mí porque me deleito en eso. Me deleito en hacer que vengas a mí en medio de toda tu consternación. Sé que estás enojado y frustrado, y quieres arrancarte los pelos. Así que vuelve a mí y permíteme hablar a tu necesidad".

Recuerdo una época reciente cuando, en el área de Atlanta, estábamos experimentando cosas raras en nuestros patrones climatológicos. Tuvimos nieve, en todas partes, por dondequiera, y en cantidades como nunca antes había visto. Cuando suceden cosas que parecen tan fuera de lo común, siempre surge una pregunta en mi espíritu. Así que sentado ante el Señor le pregunté: "Señor, ¿qué significan estas cosas? ¿Qué significan?".

Tomé mi Biblia, y dije: "Señor, tú siempre conociste de antemano todas estas cosas que nos sucederían; Tú sabías esto antes de que todo fuera creado. No hay nada nuevo para ti". Recordé también que cuando Dios llevó a cabo Sus actos poderosos para los hijos de Israel, hizo saber estas cosas a Su siervo Moisés, de una manera especial. El pueblo de Dios vio lo que pasó, pero Dios le explicó a Moisés lo que había sucedido y *por qué*, cuando le habló en la cima de la montaña.

Hay algo dentro de mí que no solo quiere ver lo que sucede, sino también se hace preguntas, y yo digo: "Señor, ¿qué es todo esto?". Así que ese invierno de nieve excepcionalmente fuerte para Atlanta y muchos otros lugares, cuando la creación gemía, yo le pregunté de nuevo: "Señor, ¿qué significan estas cosas?".

Nunca olvidaré la palabra que el Señor me susurró mientras miraba por la ventana y veía la nieve. Escuché a Dios decir: "Esto no es nuevo para mí. Lo vi hace años, y hablé sobre ello".

Y yo le respondí: "Habla conmigo ahora".

Entonces oí su voz con más claridad que nunca, del capítulo 37 del libro de Job. Me habló a través de dos versículos, el 6 y el 7: *"Porque le dice a la nieve: '¡Cae sobre la tierra!', y también a la llovizna y a los aguaceros torrenciales. Así hace que el hombre se retire, para que todos los mortales reconozcan su obra"*.

Cuando la Palabra afirma que Dios *"hace que el hombre se retire"*, significa que Él detiene el trabajo de cada hombre. Así que para las personas que son adictas al trabajo, que estaban acostumbradas a ir a trabajar bajo cualquier tipo de circunstancias, Dios estaba diciendo: "Lo voy a hacer donde incluso no van a ser capaces de entrar. Voy a hacer que el hombre se retire. Voy a iniciar un tiempo de Sabbat divino en el que mi pueblo reducirá la velocidad y se detendrá. Ellos estarán quietos y sabrán que yo soy Dios". Y eso es lo que la nieve logró. Todo lo que Dios tenía que hacer era simplemente decir a la nieve: *"Cae sobre la tierra"*.

Dios hace esto *"para que todos los mortales reconozcan su obra"*. Dios tiene un propósito en todo lo que Él hace. No piense nunca que es solo por casualidad. No; es un diseño que viene de un Dios increíble y poderoso.

Llevado por el Vvento de Dios

Espero que pueda sentir lo que Dios está haciendo: lo que Él está haciendo en su familia, su iglesia, su comunidad y en todo el mundo. ¡Todo este cambio, todo lo que está ocurriendo, es todo por una razón gloriosa! ¡Se está abriendo esta gran puerta para la predicación del evangelio de Jesucristo en todo el mundo! En los lugares que han estado cerrados, Dios está derrumbando los muros nuevamente. Su pueblo, usted y yo, vamos a experimentar nuevas fronteras.

Dios se está preparando para expandir nuestro territorio. Él está haciendo esto para usted. Lo está preparando para ir más lejos de lo que nunca antes ha ido, para que siga avanzando más y más todos los días de su vida, y para que haga cosas que jamás pensó que fuera capaz de hacer o que alguna vez haría. ¡Prepárese! Es posible que pronto se vea inmerso en un paisaje marino, pero solo es cuestión de izar sus velas.

DIOS LO MOVERÁ Y LO IMPULSARÁ A LOS LUGARES DONDE ÉL, DIVINAMENTE, TIENE LA INTENCIÓN DE QUE USTED ESTÉ.

Y cuando despliegue sus velas, los vientos de Dios le llevarán. Usted no tiene que forzar su camino, aunque batalle contra las fuertes corrientes en las aguas. Si usted trata de enfrentarlas con sus propias fuerzas, ellas tienen el poder de ponerlo de rodillas. Mas Dios lo moverá y lo impulsará a los lugares donde Él, divinamente, tiene la intención de que usted esté, lugares donde usted jamás ha estado.

¡El paisaje espiritual que le espera está fuera de este mundo!

CAMBIE SU TRAYECTORIA Y RECUERDE:

1. El ambiente siempre está cambiando.
2. Los cambios ocurren más rápidamente de lo que se puede imaginar.
3. Usted se encuentra en lugares nuevos.
4. Necesitará hacer correcciones en el rumbo para llegar al destino que en verdad desea; y tiene que estar dispuesto a hacerlas.
5. Dios tiene un propósito en todo lo que Él hace. No piense nunca que es solo por casualidad.

6. Dios lo moverá y lo impulsará a los lugares donde Él, divinamente, tiene la intención de que usted esté, lugares donde jamás ha estado.

4

Un tiempo para todo

Escuche, *su tiempo está llegando.* Yo le declaro proféticamente que Dios está preparándolo todo. Él está preparando cada lugar torcido para enderezarlo. Sí, la gloria de Dios va a ser revelada. Dios va a equilibrar algunas cosas. Él va a traer balance. Va a haber un cambio de poder, un cambio divino, que se está preparando para que suceda. Dios está en control. Es posible que haya echado un vistazo a su vida y a su alrededor, y se haya preguntado: "Dios, ¿cuándo vas a equilibrar todas estas cosas?". Él lo va a hacer, porque Él ha dispuesto un tiempo para todo.

Salomón, el hombre más sabio que jamás haya existido, escribió este famoso pasaje:

> *Todo tiene su tiempo, y todo lo que se quiere debajo del cielo tiene su hora: tiempo para nacer, y tiempo de morir; tiempo de plantar, y tiempo de arrancar lo plantado; tiempo de matar, y tiempo de curar; tiempo de destruir, y tiempo de edificar; tiempo de llorar y tiempo de reír; tiempo de hacer duelo, y tiempo de bailar; tiempo para esparcir piedras, y tiempo de juntarlas, tiempo de abrazar, y tiempo de abstenerse de abrazar; tiempo de buscar y tiempo de perder; tiempo de guardar y tiempo de tirar; tiempo de rasgar y tiempo de coser, tiempo de callar y tiempo de hablar, tiempo de amar y tiempo de aborrecer, tiempo de guerra y tiempo de paz.* (Eclesiastés 3:1–8)

¿Se da cuenta de cuántos "tiempos" hay? Esto debe ser algo profundamente alentador para usted. El hecho de que el cambio siempre está sucediendo, que los tiempos están cambiando siempre, significa que su tiempo llegará, inevitablemente e invenciblemente.

SU TIEMPO LLEGARÁ, INEVITABLEMENTE E INVENCIBLEMENTE.

Entonces será el momento en que usted deberá hacer cuatro cosas.

Tiempo de confiar en Él

Como dije al principio, se están preparando algunas cosas para intercambiar lugares. El último será primero, y el primero será último. Esto no sucederá a través de cualquier manipulación de la carne. Usted no tendrá que hacer nada disimulado o extraño para ser promovido por Dios. "*Cuando los caminos del hombre son agradables a Jehová, aun a sus enemigos los pone en paz con él*" (Proverbios 16:7).

Quiero que sepa que Dios le ha traído a Su reino para un tiempo como este. Levante sus manos y dígale: "Señor, te doy gracias porque este es mi tiempo". Dígale ahora: "¡Mis tiempos están en tus manos! Dios, haz conmigo lo que necesites hacer. Lo que necesita ser derribado en mí, ¡échalo abajo, Señor! Lo que necesita ser levantado en mí, ¡levántalo, Señor! Transforma lo que necesita ser transformado. Cambia mi forma de pensar, Dios; cambia mis emociones; cambia mis finanzas; cambia mis relaciones; cambia mi mentalidad. Transfórmame, conduce a mi familia, a mis hijos y a mis hijas, hacia el lugar que tú has preparado para ellos. Oh, Dios, mientras todo cambia a nuestro alrededor, asegúranos firme al ancla de Tu Palabra, al ancla de Tu sangre, al ancla, Señor Jesús, que nunca cambia en nuestras vidas. ¡Y te daremos la gloria y el honor y la alabanza, por los siglos de los siglos! En el nombre de Jesús, ¡Amén!".

Hemos visto toda esta incertidumbre en todas las cosas de este paisaje marino donde el Señor nos ha puesto, pero tiene que haber un grado de incertidumbre para probar nuestra confianza en Dios. ¡Así que confíe en Él! Porque Él sabe exactamente dónde usted va a terminar. Él no tiene ninguna duda en cuanto a eso. Él conoce, está confiado y seguro de su destino. Es por eso que asegura: *"Porque yo sé muy bien los planes que tengo para ustedes…planes de bienestar y no de mal,* ***para darles un futuro y una esperanza****"* (Jeremías 29:11 ESV, adaptado al Español).

Quisiera hacer hincapié una vez más: ¡el diseño del Señor es *para* usted! Dios no está en contra de usted. Dios está a *favor* de usted, *con* usted y *en* usted. Él sabe los planes que tiene para usted, y son planes de bienestar y no de calamidad; son planes para darle una esperanza, un futuro y para levantarle. Dios quiere darle mejores cosas que las que usted desea para sí. Dios quiere hacer su vida mejor que nunca en todos sus días. Sus últimos días tienen que ser más completos y más dulces que los anteriores, para que termine esta vida en paz y plenitud, en la fuerza y la bendición del Señor. ¡Así que este es el momento de confiar en Él!

SUS ÚLTIMOS DÍAS TIENEN QUE SER MÁS COMPLETOS Y MÁS DULCES QUE LOS ANTERIORES.

Tiempo para ser usado por gracia

La gracia es la capacidad divina que Dios nos confiere para ser lo que Él nos llama a ser, y *hacer* lo que Él nos llama a hacer. Esa es la gracia en la que debemos obrar. Dios tiene un plan para usted; la gracia le permite alcanzarlo y aferrarse a él. A veces las personas le observarán y verán todo lo que sucede en su vida, y no van a ser capaces de descifrar cómo puede tener tiempo, energía y recursos para sostener todo eso. Sin embargo, no es ningún secreto; ¡todo es por la gracia de Dios!

Cuando tenga la gracia de Dios fluyendo constantemente, su vida será tan bendecida que el estrés comenzará a desaparecer, y se dará cuenta, y dirá: "esto no es mi propia obra". Pablo dijo: "*Pero por la gracia de Dios soy lo que soy*" (1 Corintios 15:10). Él sabía que todo era la gracia de Dios sobre él. Lo mismo se cumple en nosotros. Si somos capaces de hacer algo y hacerlo bien, es porque Dios nos ha dado la gracia para eso. ¡Así que aprovéchela!

Como Pablo escribió a Timoteo: "*Esfuérzate en la gracia que es en Cristo Jesús*" (2 Timoteo 2:1). Sea fuerte en esa gracia, porque también *está en usted*, y sea fuerte en esa misma gracia que dice: "*Todo lo puedo en Cristo que me fortalece*" (Filipenses 4:13). Ahora, eso no significa que yo puedo ir por ahí haciendo cualquier cosa que quiera hacer. ¡No! Significa que puedo hacer todo aquello para lo que Dios me diseñó y todo lo que me ha encomendado hacer, todas esas cosas que pertenecen a mi destino divino. Por medio de Cristo poseo la gracia para hacer todo lo que fui ordenado a hacer, diseñado para hacer y destinado para hacer.

USTED POSEE LA GRACIA PARA HACER TODO LO QUE FUE ORDENADO A HACER, DISEÑADO PARA HACER Y DESTINADO PARA HACER.

La gracia de Dios está en usted, y trae consigo una habilidad divina que hará que se levante en medio de los obstáculos y contratiempos, a pesar de todo esto. Dios asegura: "Yo conocía todo acerca de ti antes de que nacieras. Yo conocía tus debilidades y conocía tus imperfecciones. Conocía también acerca de tus inconsistencias y contradicciones. No obstante, escogí redimirte y usarte por mi gracia".

Y cuando encuentra esta gracia ante los ojos de Dios, *algo sucede*.

Con todos nuestros problemas, dramas, devaneos e inconsistencias, Dios dice aún: "¡Yo voy a usarte, voy a usarte de todos modos, para mi gloria!".

La gracia de Dios significa que Él nunca le llamará a ser algo o hacer algo sin su ayuda. Es como si Dios estuviera diciendo: "Voy a escribir una tremenda obra de teatro, y te voy a convertir en la estrella, pero yo siempre seré el poder detrás de ti, dándote una historia que merezca la pena ser contada". Es por causa de *Dios* que usted tiene una historia que contar, porque sería una historia deprimente si no hubiera liberación, sanidad y grandes logros, y Él es el único que puede traer esa liberación, esa sanidad y ese avance.

Cuando Dios toma a alguien que estaba sin hogar, y por un acto de su propia gracia, Él soberanamente abre puertas y permite que esa persona conozca a alguien que le da una oportunidad, ahí es donde usted sabe que fue Dios quien lo hizo. Entonces la historia sí es emocionante. Cuando solicita un trabajo para el cual no está calificado y no tiene ninguna esperanza de conseguirlo, pero una persona está dispuesta a arriesgarse y le contrata, ahí es cuando se da cuenta de que Dios estaba obrando para hacer progresar su historia. Es cuando es capaz de cuidar de sus hijos, aún luchando para pagar las cuentas y sin tener idea de cómo llegar al fin de mes. Dios abrirá un camino. Él hará un camino para usted.

Dios va a usar una forma sobrenatural de sostener a algunos, de tal manera que usted no logra explicar cómo es capaz de afrontar todo lo que está afrontando, o cómo tiene siempre un plato de comida sobre la mesa. No puede explicar cómo ha llegado tan lejos, haciendo esto por todo este tiempo. Simplemente no entiende cómo las cosas caen en su sitio en el último minuto. No puede comprenderlo todo, pero Dios dice: "Voy a abrir un camino".

AL FINAL TODO ESTARÁ BIEN, Y SI TODO NO ESTÁ BIEN, AÚN NO ES EL FINAL.

Es el elemento de Dios el que hace que su historia sea digna de ser contada. Usted no ha llegado todavía a la parte gloriosa de su historia, así que no cierre el libro cuando Dios está cambiando la página para entrar en otro capítulo. ¡Él no ha terminado! No cierre el libro cuando Dios está cambiando la página para entrar en otro capítulo. ¡Él no ha terminado! Al final todo estará bien, y si todo no está bien, aún no es el final.

Tiempo para la obediencia

Si vamos a ser la estrella de la obra de teatro de Dios, tenemos que escuchar al director. Dios es *Dios*, no lo olvide, y está buscando un pueblo que le obedezca. Estoy aquí para decirle que no hay un sustituto adecuado para la obediencia. Dios está llamando a Su pueblo a la obediencia, y la obediencia es mucho mejor que los sacrificios. (Véase 1 Samuel 15:22.) En otras palabras, Él no se impresiona cuando hacemos de nuestra devoción un gran espectáculo, pero sí le agrada profundamente que sigamos Sus leyes. Él sabe que esta obediencia es la indicación de que realmente entendemos Su gracia y de que vivimos en la plenitud de Su gracia.

Él sabe que esta obediencia por la gracia de Dios nos traerá regocijo. Cuando Dios en Su gracia le dice que haga algo y usted no lo hace, usted perderá algo de su alegría y felicidad. Su paz se verá afectada si usted se encuentra fuera de la voluntad de Dios. Ese es un sello más de Su gracia, porque Él utiliza esa perturbación en nuestra alma para atraernos a una comunión más estrecha con Él. Hay ocasiones en las que estoy absolutamente convencido de que Dios nos está arrinconando donde no tenemos otra opción que dejar de retorcernos, estar quietos, y oírle decir: "Yo soy Dios. Yo estoy en control. Tú no estás al mando". ¡Dios nos pone en nuestro lugar de vez en cuando!

Tiempo para celebrar

Si alguna vez se ha preguntado si Dios es bueno, si alguna vez se ha dado el lujo de no quedar impresionado por Su gracia, si alguna vez le ha restado importancia a la desobediencia y la ha tomado como un "bueno, no es para tanto", entonces haga una retrospectiva. Recuerde algunas de las cosas que ha hecho y que Él le ha perdonado, y cómo Él le ha lavado y limpiado con la sangre de Jesús. Usted, realmente, va a comenzar a celebrar a Dios de una manera increíble cuando se acuerde de cómo Dios ha sido tan bueno y ha tenido tanta gracia para con usted. ¡Dele gracias porque Él no le dio lo que realmente merecía!

Ese mensaje de su bondad debe ser *visto* por los demás en nuestras vidas. La esencia de su mensaje es que Dios es bueno y lleno de gracia, y Él es fiel, incluso en los momentos de prueba y tentación en nuestra vida. He estado a la cabecera de muchos santos a la hora de su muerte, ¡y usted no se puede imaginar lo inspirador que es para mí escucharles bendecir a Dios! Ni el cáncer ni ninguna otra enfermedad tienen el poder de robar ese espíritu de alegría dentro de ellos. Han encontrado la gracia de Dios, y están comenzando ya la celebración que van a disfrutar por la eternidad.

Cuando está en la voluntad de Dios, puede sobrevivir contra viento y marea, sacudido y conducido por las olas que se estrellan y arremeten contra su vida, porque tiene un Ancla, y está arraigado y cimentado en Él. Es una gran aventura. ¡Venga y camine sobre las aguas con Jesús! Usted se está preparando para entrar en la *mejor* parte de su vida.

USTED SE ESTÁ PREPARANDO PARA HACER QUE EL RESTO DE SU VIDA SEA LO MEJOR DE SU VIDA.

Usted se está preparando para hacer que el *resto* de su vida sea lo mejor de su vida. Su trayectoria está a punto de cambiar. ¡Aleluya al Cordero de Dios! Va a ser una trayectoria increíble con Él donde nunca habrá momentos de monotonía, ¡eso se lo puedo prometer!

CAMBIE SU TRAYECTORIA Y RECUERDE:

Su tiempo llegará inevitablemente e invenciblemente. Entonces hay cuatro cosas que debe hacer:

- **Tiempo para confiar en Dios:** Tiene que haber un grado de incertidumbre para probar nuestra confianza en Dios. ¡Así que confíe en Él! Porque Él sabe exactamente dónde usted va a terminar. Él no tiene ninguna duda en cuanto a eso. Él conoce, está confiado y seguro de su destino.
- **Tiempo para ser usado por gracia:** Usted no ha llegado todavía a la parte gloriosa de su historia, así que no cierre el libro cuando Dios está cambiando la página para entrar en otro capítulo. ¡Él no ha terminado! Al final todo está bien, y si todo no está bien, aún no es el final.
- **Tiempo para obedecer a Dios:** No hay un sustituto adecuado para la obediencia. Dios está llamando a Su pueblo a la obediencia. Él sabe que esta obediencia es la indicación de que realmente entendemos Su gracia y de que vivimos en la plenitud de Su gracia.
- **Tiempo para celebrar:** Usted se está preparando para entrar en la *mejor* parte de su vida. Se está preparando para hacer que el *resto* de su vida sea lo mejor de su vida. Su trayectoria está a punto de cambiar.

5

Señales que revelan su nueva trayectoria

Algunos de ustedes podrían saber que se dirigen hacia una nueva trayectoria. Otros podrían estar pensando: *¿Cómo lo puedo saber? ¿Cuáles son las señales?* Para obtener un poco de ayuda, veamos al famoso profeta Elías tisbita. La vida de Elías estuvo marcada por el cambio, los desafíos y la incertidumbre. Desde el primer momento en que las Escrituras nos lo presentan (1 Reyes 17), lo encontramos inmerso en uno de estos momentos de transición.

La conocida historia comienza así:

> *Entonces Elías, el tisbita, que era uno de los habitantes de Galaad, dijo a Acab: "¡Vive Jehová, Dios de Israel, en cuya presencia estoy, que no habrá lluvia ni rocío en estos años, hasta que mi boca lo diga!" Llegó a él una palabra de Jehová, que decía: "Apártate de aquí, vuelve al oriente y escóndete en el arroyo Querit, que está frente al Jordán. Beberás del arroyo; yo he mandado a los cuervos que te den allí de comer". Él partió e hizo conforme a la palabra de Jehová, pues se fue y vivió junto al arroyo Querit, que está frente al Jordán. Los cuervos le traían pan y carne por la mañana y por la tarde, y bebía del arroyo. Pasados algunos días, se secó el arroyo, porque no había llovido sobre la tierra.* (1 Reyes 17:1–7)

Con gran riesgo para sí mismo, el profeta Elías había ido ante la presencia del malvado rey Acab para anunciar, bajo la inspiración del Espíritu de Dios, que su reino experimentaría una grave sequía hasta el momento cuando Elías mismo proclamara su fin. Después de este anuncio que, como habrá imaginado, hizo que el profeta fuera extremadamente impopular, el Señor lo dirigió al desierto hasta un arroyo que eventualmente se secó. En ese momento Elías necesitaba encontrar una palabra de parte del Señor que guiara su proceder y le diera dirección en cuanto a dónde debía ir después, y lo que debía hacer. Elías tenía que cambiar su trayectoria.

¿Alguna vez ha estado en medio de algo que iba bien, pero que de repente se secó? Usted pensaba que se había mudado a una zona con muchas oportunidades, pero luego perdió su trabajo y ahora no puede encontrar uno nuevo. Pensó que su nueva iglesia tenía mucha vida, y resulta que el pastor se va y todo el mundo empieza a distanciarse. Pensó que su nuevo novio era la solución a todo, sin embargo, de repente no tienen mucho de qué hablar y ya usted no disfruta su compañía. Si se seca algo que solía ser floreciente, significa que tiene que ir en otra dirección. Así que busque una palabra que proceda de Dios.

Esa palabra del Señor ciertamente vino a Elías, como vemos en el versículo 8 de este capítulo. Esta experiencia, y las que vinieron después (1 Reyes 17), nos muestran las *nueve señales que revelan* que su trayectoria estaba cambiando.

Nuevas personas

En primer lugar, cuando está en una nueva trayectoria, *conocerá nuevas personas*. ¿Por qué? Porque la respuesta de Dios a todos los problemas es siempre una persona. En consecuencia, el problema generalmente también es una persona. El problema es la persona equivocada en el lugar equivocado, en el momento equivocado y haciendo las cosas equivocadas. La respuesta de Dios es la persona correcta en el lugar correcto, en el momento correcto y haciendo lo correcto.

Cuando usted atraviesa grandes cambios en su vida, Dios traerá a su vida, al menos, a una o a varias personas nuevas.

Personas que desencadenan el cambio

En el versículo 8 de la historia de Elías en 1 Reyes 17, cuando él está allí junto al arroyo Querit que se había secado, él escucha de parte del Señor: "*Levántate, vete a Sarepta de Sidón y vive allí; ahí le he dado orden a una mujer viuda que te sustente*" (1 Reyes 17:9).

Esta viuda que Dios le menciona a Elías es alguien que el profeta no había conocido antes, pero Dios lo estaba dirigiendo a ella. Él estaba en el proceso de ponerla en su vida. Dios estaba diciendo: "Ya he preparado todo para que una viuda te sustente allí".

En todos los niveles de la vida, necesitamos a otras personas para que nos presenten nuevas relaciones, oportunidades y conexiones. Otras personas nos dan entrada a diferentes escenarios del mundo, a diferentes niveles. A menudo es verdad que cuando llega a cierto nivel y no puede escalar más alto, es porque las personas que están en ese nivel no le dejan entrar; las personas con todo el dinero quieren conservar todo ese dinero. El que tiene el oro hace las reglas.

Dios, cuando realmente va a cambiarnos, traerá a personas que saben lo que nosotros no sabemos. ¡Si ellos supieran solamente lo mismo que usted sabe, entonces no estarían en un nivel superior! Usted necesita nuevas relaciones para conocer nuevas cosas. Estoy hablando de nuevos niveles en todos los ámbitos: en su vida espiritual, en su vida familiar, en su vida de negocios, en su carrera. En todas estas esferas, necesita a otros que están más allá de su área de experiencia actual, personas que están en un nivel superior.

Puede tener miedo de este nuevo territorio en el que se está adentrando, pero Dios tiene personas plantadas a lo largo de su camino para guiarle en su nueva trayectoria. Quizás, incluso, les escuche decir: "¿Puedo ayudarte? ¿Buscas algo? Parece que estás perdido", y comenzarán a ponerle al corriente. Dios sabe que Él ha puesto las respuestas en las personas, así que tiene que conectarse con esas personas para recibir sus respuestas. Ellos tienen puntos de vista que usted no tiene y, además, poseen las llaves de otras relaciones que usted necesita. A veces, un conocido le llevará a alguien que llegará a ser muy importante en su vida. Ellos conocen a esa persona, tienen acceso a ella, o saben cómo ganar ese acceso. A menudo se sorprenderá de cómo esto funciona.

Las relaciones nos influencian

Así que no descarte ninguna de las personas "pequeñas" que Dios ponga en su camino, pues podrían ser su regalo más grande para llevarle a su curación, a su liberación, y hacia su crecimiento y desarrollo. Usted nunca sabe. Dios tiene a sus ángeles apostados aquí y allá, disfrazados de empleados de limpieza, empleadas domésticas, cocineros, peluqueras, asistentes en una gasolinera, o del hombre que empaca sus productos en el supermercado. Nunca menosprecie a la gente que Dios pone en su camino.

Permítame probarle esto. Yo quiero que por un momento piense conmigo en tres sermones que realmente le han impactado a lo largo de su vida. ¿Qué tres sermones ha escuchado que cambiaron su vida? Ahora quiero preguntarle esto. ¿Quiénes son tres personas que han cambiado su vida? Piense en tres personas que vinieron donde usted estaba e impactaron su vida de una manera increíble.

Apuesto lo que quiera a que le fue más fácil pensar en tres personas que han impactado su vida que en tres sermones que le han impactado. ¿Por qué? Porque las personas nos afectan mucho más que los sermones: el hombre es más importante que el mensaje.

EL HOMBRE ES MÁS IMPORTANTE QUE EL MENSAJE.

Si no le cree al hombre, entonces no recibirá su mensaje. Hay personas cuyos mensajes están totalmente descalificados debido a su carácter despreciable.

Las personas nos impactan y tienen un efecto extraordinario en nosotros. Por lo general, puedo encontrar la causa de cada éxito y fracaso en alguna relación. Si usted deja su mente retroceder en el tiempo, tal vez empiece a pensar en una persona que le jugó una mala pasada, que acabó con sus finanzas. Usted estaba bien hasta que conoció a... ¡Llene el espacio! Usted sabe quiénes son, y ¡desea no haberlos conocido nunca!

Por otro lado, su vida ha sido increíblemente bendecida, impactada, saturada, cambiada y desafiada por individuos que llegaron y le hicieron mejorar. Puede agradecerle a Dios por los momentos en que trajo una persona a su vida que sacó lo mejor de usted y le hizo ser mejor de lo que era antes. Así que tenemos que aprender a ser capaces de acoger a las personas que tienen la capacidad para desafiarnos y agitar las cosas que Dios puso en nuestro interior.

MUÉSTREME SUS AMIGOS, Y YO LE MOSTRARÉ SU FUTURO.

La razón de que estas relaciones nos sacudan y nos redirijan hacia una nueva trayectoria es porque esas personas son verdaderas, y la verdad siempre trae un efecto de cambio cuando comienza a rebanar nuestro mundo lleno de mentiras. Jesús dijo: *"Yo soy el camino, la verdad y la vida"* (Juan 14:6). La verdad ya no es algo que usted dice; la verdad es una persona. ¿Tiene una relación con una persona real y genuina en su propia vida? La Ley del Círculo Íntimo, cortesía de John Maxwell, dice: "Los que están más cercanos a usted determinan su nivel de éxito". En otras palabras, muéstreme sus amigos, y yo le mostraré su futuro.

Nuevos problemas

La experiencia de Elías en 1 Reyes 17 se produjo durante una época de sequía y hambruna. Al principio, cuando estaba en el arroyo Querit, Dios envió cuervos que le trajeron pan y carne por la mañana y por la noche, dos comidas al día. Sin embargo, luego Dios le dijo que se levantara y fuera a Sarepta, y Elías ya no tuvo más este servicio de manutención personal. En cambio, Dios le dijo a Elías: "Yo he dado orden a una viuda para que te sustente".

Mas cuando Elías llegó a Sarepta, aquello distaba mucho de parecer una provisión. Encontró a la viuda a la que Dios lo estaba guiando y, probablemente, débil por el hambre del viaje, le pidió comida. Sin embargo, recibió una respuesta devastadora: "*Ella respondió: —¡Vive Jehová, tu Dios, que no tengo pan cocido!; solamente tengo un puñado de harina en la tinaja y un poco de aceite en una vasija. Ahora recogía dos leños para entrar y prepararlo para mí y para mi hijo. Lo comeremos y luego moriremos*" (1 Reyes 17:12).

Vaya, eso suena prometedor, ¿no es así? Elías había encontrado a una nueva persona, pero ella no tenía suficiente ni para ella ni para su hijo, y mucho menos para Elías.

En una nueva trayectoria, en cada nueva etapa de la vida a la que usted llega, también experimentará nuevos problemas y dolores. Definitivamente, puede esperar que se presenten. Esa es la segunda señal de su cambio de trayectoria. Usted pensaba que seguía la voz del Señor, y Él le llevó directamente a nuevos problemas. Así es que se mueve el mundo; con todo crecimiento, vienen problemas.

CON TODO CRECIMIENTO,
VIENEN PROBLEMAS.

Si está esperando crecimiento en su futuro, entienda que todo crecimiento debe financiarse, y las finanzas pueden ser difíciles de obtener. Cada vez que nuestro negocio crecía, teníamos que conseguir un préstamo para comprar un nuevo edificio. El crecimiento es costoso. Pasar a ocupar un lugar más grande le costará más dinero. Cuando su familia crece, le cuesta dinero.

Digamos que acaba de conseguir un nuevo trabajo, y que está muy agradecido de dejar atrás su antiguo puesto de trabajo porque hubo algunos problemas allí, pero cuando llega a su nuevo empleo, ¡resulta ser que la gente nueva a su alrededor viene y le causa problemas! La vida es así: donde hay personas, hay problemas. Así que en cada etapa de la vida, encontrará nuevos desafíos y dificultades.

Nuevos paisajes

La tercera señal reveladora de una trayectoria cambiante es la *llegada a un nuevo paisaje;* es Dios llevándonos a donde nunca hemos estado antes.

Elías fue primeramente a un lugar de refugio junto al arroyo Querit en aquel desierto solitario, pero luego Dios lo envió lejos, a la ciudad de Sarepta, cerca de Sidón a lo largo de la costa mediterránea, que era un paisaje extraño para él y fuera de las fronteras de su patria. ¡Dios lo puso en marcha!

Las transiciones y los cambios de la vida nos llevarán a nuevos paisajes. La dirección de Dios muy a menudo nos pone en movimiento; es algo en movimiento. Es posible que ya haya estado en un montón de lugares, pero escuche: ¡mejor prepárese y haga sus maletas!, porque Él le va a poner en marcha a usted también. ¿Por qué Dios nos confinaría a un pequeño rincón? ¿Por qué limitaría Dios sus viajes a su propio vecindario? *"De Jehová es la tierra y su plenitud..."* (Salmos 24:1).

La mayoría de nosotros ya no vivimos muy cerca del lugar donde nacimos. Piénselo: Dios ya nos ha llevado a nuevos paisajes, ¿no es así? Bueno, eso es solo la punta del *iceberg;* Dios no ha terminado con usted todavía. Él le va a llevar más lejos, si no es a nuevos paisajes físicos, entonces a nuevos paisajes espirituales.

Nuevas posibilidades

Usted descubrirá que en la medida que Dios cierra una puerta y abre otra, posibilidades enteramente nuevas aparecen dentro de esa nueva habitación. El cambio siempre trae consigo situaciones y escenarios nuevos que caen dentro del ámbito de lo que *pudiera ser*.

Si lo despiden de su trabajo, comience a pensar en actividades empresariales que le permitan trabajar por su cuenta. Tal vez debería replantearse algunas cosas y salir de su zona de comodidad. Encontrará *nuevas posibilidades* en cada nivel: una nueva posibilidad dentro de cada problema. Esa es la cuarta señal de su cambio de trayectoria.

EL CAMBIO SIEMPRE TRAE CONSIGO SITUACIONES Y ESCENARIOS QUE CAEN DENTRO DE LO QUE PUDIERA SER.

Recuerde que Dios le dijo a Elías: *"He dado orden a una mujer viuda que te sustente"*. Mas ella tenía un problema: solo tenía suficiente aceite y harina para hacer una pequeña torta y estaba a punto de hacerla para que ella y su hijo pudieran tener una última comida antes de morir. Ella estaba en la más absoluta miseria. Aquí había un problema importante, pero también una *posibilidad*. ¡Nada es imposible para Dios! Así que Él tomó eso que era un problema de vida o muerte y les mostró una posibilidad.

Elías, en respuesta a la guía del Espíritu del Señor, le indicó a la mujer la dirección del Señor:

> *Y Elías le dijo: No tengas temor, ve y haz como has dicho; pero hazme con ello primero una pequeña torta cocida debajo de la ceniza, y tráemela. Después la harás para ti y para tu hijo. Porque Jehová, Dios de Israel, ha dicho así: "La harina de la tinaja no escaseará, ni el aceite de la vasija disminuirá, hasta el día en que Jehová haga llover sobre la faz de la tierra".*
>
> (1 Reyes 17:13–14)

Por su obediencia a las instrucciones de Elías, la mujer honró al Señor, y fue capaz de ver la obra de Dios para el beneficio de ellos.

La viuda fue e hizo como le había dicho Elías. Y comieron él, ella y su casa, durante muchos días. No escaseó la harina de la tinaja, ni el aceite de la vasija menguó, conforme a la palabra que Jehová había dicho por medio de Elías.

(1 Reyes 17:15–16)

En nuestros nuevos entornos, Dios nos hará conscientes de las nuevas posibilidades que nos permitan honrarle y obedecerle, y recibir más de su bendición.

Nuevas perspectivas

El nuevo paisaje en el que se encuentra y las nuevas personas que le rodean pueden traerle grandes cambios de perspectiva. Y estas nuevas perspectivas son muy importantes. Son la quinta señal de su cambio de trayectoria. Lea lo que sucedió después en la historia de Elías:

Después de estas cosas aconteció que cayó enfermo el hijo de la dueña de la casa. La enfermedad fue tan grave que se quedó sin aliento. Entonces dijo ella a Elías: —¿Qué tengo que ver yo contigo, varón de Dios? ¿Has venido aquí a recordarme mis pecados y a hacer morir a mi hijo? —Dame acá tu hijo —le dijo él. Lo tomó entonces Elías de su regazo, lo llevó al aposento donde él vivía y lo puso sobre su cama. Luego clamó a Jehová diciendo: "Jehová, Dios mío, ¿también a la viuda en cuya casa estoy hospedado vas a afligir, haciendo morir su hijo?" Se tendió sobre el niño tres veces y clamó a Jehová: "Jehová, Dios mío, te ruego que hagas volver el alma a este niño". Jehová oyó la voz de Elías, el alma volvió al niño y este revivió. Tomó luego Elías al niño, lo trajo del aposento a la casa, lo entregó a su madre y le dijo: —Mira, tu hijo vive. Entonces la mujer dijo a Elías: —Ahora reconozco que tú eres un varón de Dios y que la palabra de Jehová es verdad en tu boca". (1 Reyes 17:17–24)

El drama en este relato es palpable. Recuerde que en esta parte nosotros no sabemos mucho acerca de Elías; esto sucede antes de su gran enfrentamiento con los profetas de Baal en el monte Carmelo. ¡Es posible que ni Elías supiera mucho acerca de sí mismo en este momento! La Biblia no lo dice, pero este es probablemente uno de los primeros grandes milagros que Elías realizó. Tal vez él no tenía idea de su propio poder, ni idea de cuán poderosamente Dios lo usaría. Cuando la viuda dijo estas palabras increíbles, "*la palabra de Jehová es verdad en tu boca*", estaba confesando la identidad de Elías como profeta. Esa fue una nueva perspectiva de sí mismo que, probablemente, Elías necesitaba escuchar de la boca de otro, y no de la suya.

La perspectiva que usted tenga determinará sus resultados, y si no recibe un nuevo enfoque, actuará con la perspectiva anterior, la cual probablemente le hará caer en errores de juicio. Su perspectiva determina sus resultados.

SU PERSPECTIVA DETERMINA SUS RESULTADOS.

Si Elías no hubiera tenido esta nueva perspectiva de sí mismo como profeta, pudiera haberse subestimado totalmente más tarde. Para operar en un nuevo nivel en la vida, necesita una nueva perspectiva.

Todo cambio, y cada nueva etapa en la vida, nos traerán una nueva perspectiva. Eso se aprecia fácilmente en los niños. Cuando usted llega a los diez años de edad, no es la misma persona que cuando tenía tres. Un niño de diez años no piensa igual que un pequeñín de tres. Un muchacho de diecisiete años no piensa de la misma manera que un niño de diez. Ellos alcanzan nuevas perspectivas porque han llegado a otro nivel.

Esas nuevas perspectivas continúan en la edad adulta, y cuando llegamos a treinta, cuarenta o cincuenta años, nuestros valores evolucionan. Los cambios siguen llegando, ya sea en su tierna adolescencia, en sus enseñables veinte, en sus incansables treinta, en sus contundentes cuarenta, en sus temerosos cincuenta, en sus experimentados sesenta, en sus asentados setenta, en sus adoloridos ochenta, en sus nebulosos noventa, o en sus ¡audaces cien años! Cada etapa le llevará a tener una perspectiva diferente.

Eso también nos conduce a este punto: cuando Dios le da una profecía, por lo general, Él no le está hablando del contexto en el que se encuentra ahora, sino de a dónde usted *irá*. Así que sea muy sensible al Espíritu de Dios. Dese cuenta de que no solo conocerá personas nuevas en lugares nuevos y experimentará nuevos problemas y dolores, sino que también, a través de todo esto, Dios le hará progresar en su forma de pensar y desarrollará una nueva perspectiva. Verá la vida de otra manera.

Es como esa relación que quizás tuvo con alguien en el pasado y que rompió su corazón, le decepcionó y le hizo llorar. Entonces después se pregunta: "¿Por qué tuve que enamorarme de esa persona?". A ese alguien que fue lo más grande para usted, ahora fácilmente puede decirle: "¿Sabes qué? Ya derramé mi última lágrima por ti". La razón por la que puede decir eso es porque su perspectiva ha cambiado. No está mirando al mundo y a las personas en el mundo con los mismos ojos que tenía antes. Ha madurado a través de las cosas que ha experimentado y las cosas que ha sufrido.

Nueva preparación

Los tiempos de grandes cambios también le llevarán a una *nueva preparación*. Esta es la sexta señal de su cambio de trayectoria. Cada nivel en la vida requerirá un nuevo tipo de entrenamiento. Cuanto más alto sea el nivel en el que entre, mayor será la capacitación que necesita.

Cuando un civil entra en la vida militar, lo primero que le hacen es ponerlo en el campo de entrenamiento para recibir una preparación intensa. A menudo nos enfrentamos a una especie de campo de entrenamiento en las nuevas situaciones a las que Dios nos conduce. Eso es lo que se requiere.

Elías estaba pasando por un campo de entrenamiento para profetas, por así decirlo, cuando estaba en el desierto, totalmente dependiente del Señor. Se estaba preparando para cuando tuviera que mirar al Señor, no solo para la comida diaria, sino para hacer descender fuego del cielo y encender un altar empapado de agua. (Véase 1 Reyes 18.)

LA VOLUNTAD DE GANAR NO ES NADA SIN LA VOLUNTAD DE PREPARARSE.

La voluntad de ganar no es nada sin la voluntad de prepararse. Si quiere triunfar en la vida, pero no tiene la voluntad de prepararse, solo se está engañando a usted mismo. El tipo de preparación que se necesita, así como el nivel de preparación requerido, cambiarán con cada nueva situación. No se puede dar un paso adelante y decir: "Está bien, ya estoy listo". No, usted tiene que estar preparado. El Señor nos llama a prepararnos para lo que viene, no solo en su vida, sino también para el próximo evento cósmico: el regreso de nuestro Señor. Él nos dice que mantengamos nuestras lámparas llenas de aceite, y que estemos velando y apercibidos. (Véase Mateo 25.)

Nuevas prioridades

Los cambios de la vida también nos darán *nuevas prioridades*. Esta es la séptima señal de su cambio de trayectoria. Sus prioridades tendrán que ser reordenadas. Esto lo vemos, por ejemplo, en la forma en que tratamos nuestros cuerpos. ¡Primero gastamos nuestra salud tratando de ganar nuestra fortuna y luego gastamos nuestra fortuna tratando de recobrar nuestra salud!

Sus prioridades se reflejan en las cosas que en realidad logra hacer. Cuando se encuentra rodeado de personas bien entraditas en sus años de vejez, verá que no andan hablando de cómo hacer más dinero. Ellas conversan de participar en su clase de yoga por la tarde, o de si salieron a dar un paseo ayer, o de si se tomaron todo el jugo por la mañana. ¡Solo están tratando de sobrevivir y mantener todo en marcha! Han desarrollado nuevas prioridades.

Usted envejece lo suficiente y ya el dinero no es lo principal; lo que desea es sentirse bien. Cuando es lo suficientemente mayor, ni siquiera se preocupa por estar alrededor de personas inteligentes. Lo que quiere es estar al lado de personas *amables*, rodeado de individuos que saben cómo respetarlo y apreciarlo, y que lo consideran. La amabilidad es lo que realmente importa. Algunas de esas personas inteligentes, al final llegan a estar fuera de forma y se vuelven amargadas en el transcurso de la vida, así que usted prefiere a las que son amables.

¡PRIMERO GASTAMOS NUESTRA SALUD TRATANDO DE GANAR NUESTRA FORTUNA Y LUEGO GASTAMOS NUESTRA FORTUNA TRATANDO DE RECOBRAR NUESTRA SALUD!

En cada nuevo nivel de la vida, sus prioridades cambian. Cuando está criando a sus hijos, ellos son su prioridad, pero luego cuando todos crecieron y se marcharon, ya esta no es su verdadera prioridad. ¡Y usted ciertamente tampoco es la prioridad de ellos! Por supuesto, siempre amará a sus hijos, y pensará y orará por ellos. Pero en una nueva etapa de la vida, las prioridades cambian.

Nuevas pasiones

Aquí hay algo más que resulta sorprendente: los cambios y las transiciones de la vida traerán *nuevas pasiones*. Esta es la octava señal de su cambio de trayectoria. Cuando uno pasa de un nivel a otro, ya no le emocionan las cosas que solían enloquecerle, y es porque ha alcanzado un nuevo nivel.

Déjeme contarle sobre el sucesor de Elías, Eliseo, quien llegó a ser un gran profeta del Señor. El Señor le dijo a Elías que ungiera a

Eliseo como profeta. No dice que Eliseo sabía que iba a convertirse en profeta, o que él tenía alguna idea de que su vida estaba a punto de cambiar drásticamente. Esto es todo lo que dice:

> *Partió de allí Elías y halló a Eliseo hijo de Safat, que estaba arando. Delante de él iban doce yuntas de bueyes, y él conducía la última. Elías pasó ante él y echó sobre él su manto. Entonces dejó los bueyes, salió corriendo detrás de Elías y le dijo: —Te ruego que me dejes besar a mi padre y a mi madre; luego te seguiré. Y él le dijo: —Ve, regresa; ¿acaso te lo he impedido?*
> (1 Reyes 19:19–20).

Ni siquiera dudó. Se despidió de sus padres, y luego siguió a Elías. Abrazó su nuevo llamamiento, su nueva pasión.

Hay algunas pasiones que poco a poco van a crecer en usted y comenzará a desarrollar lentamente un amor por diferentes cosas que no le importaban mucho cuando era más joven. Otras pasiones le abrumarán de repente y de manera encantadora, como un llamado del Señor a través de la boca de un profeta. Es increíble cómo la vida nos toma y nos introduce a nuevas pasiones a medida que maduramos. A veces, cuando usted pierde a alguien especial en su vida, pudiera parecerle que nunca más volverá a amar, pero sí que puede. Si vive lo suficiente, lo logra. Usted podrá descubrir nuevas pasiones.

Uno debe estar apasionado con lo que Dios haya puesto en sus manos para hacer y con lo que haya puesto bajo su cuidado y responsabilidad.

UNO DEBE ESTAR APASIONADO CON LO QUE DIOS HAYA PUESTO EN SUS MANOS PARA HACER.

Porque si no tiene pasión por eso, no va a hacerlo bien. Y si es la tarea que Dios le ha encomendado, entonces nadie más va a sentir la misma pasión para hacerlo. Depende de usted. Tiene que demostrar a las personas que está enamorado de lo que sea que está haciendo. No piense que puede tomarlo o dejarlo, ¡no! *Comprométase*. Hágalo correctamente; véalo de esta manera: "¡Eso es! ¡Esto es lo mío!". Tiene que sentirse apasionado con eso.

He sido un apasionado de Jesús desde que lo encontré. Cuando hallé a Jesús, me encontré con toda la paz que siempre había necesitado, y descubrí la verdad. Así que no les digo a las personas que este es un camino, una buena alternativa dentro de otros caminos que podrían considerar. No, ¡Jesús es el Salvador de todo el mundo! ¡Todo el mundo debería conocerlo! Para mí solo hay dos tipos de personas en el mundo: las que *conocen* a Jesús ¡y las que *necesitan conocerlo!* ¡Soy un apasionado de Jesús, Jesús, Jesús!

Nueva provisión

Elías experimentó una *provisión* nueva del Señor cuando estaba esperando en el desierto y los cuervos le llevaban comida todos los días. La mujer y su familia en Sarepta experimentaron una *nueva provisión* de la mano del Señor. Nosotros también descubriremos nuevas provisiones al seguir una nueva trayectoria. Esta es la novena señal de su cambio de trayectoria. Cuando se está moviendo en la dirección correcta, terminará teniendo una mayor provisión, y vivirá en un nivel más alto del que jamás haya vivido.

CUANDO SE ESTÁ MOVIENDO EN LA DIRECCIÓN CORRECTA, TERMINARÁ TENIENDO UNA MAYOR PROVISIÓN.

¡Esta es una buena noticia! Dios no está tratando de tomar provisión de usted; Él está tratando de darle más. Es de bendición para un padre ver cómo a sus hijos les va bien, y nosotros somos los hijos de Dios bajo el cuidado de nuestro Padre. Él se asegurará de que sus hijos tengan suministros y provisiones suficientes para los nuevos capítulos de sus vidas.

Dios ha visto nuestra necesidad, incluso, antes de que la tuviéramos, y Él ha hecho provisión para ello. ¡Nuevas provisiones están esperando por usted cuando cambie su trayectoria!

CAMBIE SU TRAYECTORIA Y RECUERDE:

Las nueve señales que revelan su cambio de trayectoria:

1. **Conocerá nuevas *personas*.** Cuando atraviesa grandes cambios en su vida, Dios traerá a su vida, al menos, a una o a varias personas nuevas.
2. **Tendrá nuevos *problemas*.** Así es que se mueve el mundo; con todo crecimiento, vienen problemas.
3. **Llegará a un nuevo *paisaje*.** Las transiciones y los cambios de la vida nos llevarán a nuevos paisajes.
4. **Verá nuevas *posibilidades*.** El cambio siempre trae consigo situaciones y escenarios nuevos que caen dentro del ámbito de lo que pudiera ser.
5. **Tendrá grandes cambios de *perspectivas*.** Dios le hará progresar en su forma de pensar y desarrollará una nueva perspectiva. Verá la vida de otra manera.
6. **Requerirá nueva *preparación*.** Cuanto más alto sea el nivel en el que usted entre, mayor será la capacitación que necesita.
7. **Cambiará sus *prioridades*.** Sus prioridades tendrán que ser reordenadas.
8. **Se despertarán nuevas *pasiones* en usted.** Cuando uno pasa de un nivel a otro, ya no le emocionan las cosas que solían enloquecerle, y es porque usted ha alcanzado un nuevo nivel.
9. **Experimentará nueva *provisión*.** Cuando se está moviendo en la dirección correcta, terminará teniendo una mayor provisión, y vivirá en un nivel más alto del que jamás haya vivido.

Si se seca algo que solía ser floreciente, significa que tiene que ir en otra dirección. Así que busque una palabra que proceda de Dios.

SEGUNDA PARTE:

Todo se trata de usted

6

Conviértase en amo y no en víctima del cambio

Mientras responde a todas las cosas nuevas que una nueva trayectoria implica, recuerde que se trata de usted. Sí, se trata de usted. No me refiero a que todo se centra en usted. Por el contrario, ¡si su vida se centra en usted, será un miserable! Si no está enfocado hacia afuera, será la persona más desdichada e insatisfecha del mundo. Más bien, lo que quiero decir es que la responsabilidad de responder al cambio recae en usted. Tiene que ser un amo del cambio y no una víctima.

TIENE QUE SER UN AMO DEL CAMBIO Y NO UNA VÍCTIMA.

Estoy seguro de que ha escuchado a adolescentes decir: "Son las cosas de la vida", o si no, "Bueno, ya pasó, qué se le va a hacer", al no asistir a una cena familiar u olvidar sus tareas. Esas excusas no son suficientemente buenas en la vida real. Uno no puede ir por ahí dando tumbos y dejando que la vida le pase por encima. Tiene que hacer que las *cosas sucedan*.

En vez de dejar que el agua entre y le ahogue, tenga la intención de construir una balsa y permanecer en ella, ¡y luego use todas esas aguas furiosas que le rodean para que su bote flote sobre ellas! Lo mismo que le asusta con facilidad, y lo que le abruma tan rápido, son las cosas que puede utilizar para que le lleven e impulsen a su destino previsto.

Así que uno se pregunta: "¿Cómo puedo manejar estratégicamente este cambio de tal manera que no me convierta en víctima de él?".

Esté alerta

Estar alerta es el comienzo para dominar el cambio. ¿Está atento y sensible al hecho de que el *cambio está ocurriendo?* Hemos hablado de los increíblemente altos ritmos de cambio a nuestro alrededor, en todas las áreas de la vida. Quería sacudirle un poco y recordarle lo que quizás ya notó, y que tal vez escondió en su subconsciente porque no quería tratar con eso.

Es increíble que cuando un tsunami se acerca, muchos animales tienen un instinto que les dice que suban a un terreno más alto. Tienen una conciencia interior que les permite saber que algo se acerca. ¿Cree que Dios se preocupa más por los animales que por nosotros? Por supuesto que no. Así que tiene que haber una conciencia dentro de nosotros que nos permite saber y nos dice: "Escucha, van a suceder cambios enormes; prepárate para ellos". Y en la medida en que usted se vuelve más perceptivo, cuando ve los signos reveladores de que algo está por suceder, tómese el tiempo necesario para hacer una pausa, aminorar la velocidad y pensar en su situación. Se necesita una mente clara y enfocada para lidiar con el cambio.

SE NECESITA UNA MENTE CLARA Y ENFOCADA PARA LIDIAR CON EL CAMBIO.

Mientras reduce la velocidad de esa manera, respire profundo. Cuando hay un cambio brusco, nuestra tendencia, inducida por el estrés, es detener la respiración y entrar en pánico. Por eso las personas empiezan a respirar aceleradamente cuando se estresan. La respiración profunda nos ayuda a superar esa tendencia. Y después de hacer una respiración profunda, reflexione. "Déjame ver; ¿qué fue lo que pasó?".

Después estudie el ambiente, de modo que sepa cómo responder adecuadamente, en lugar de reaccionar. Las respuestas siempre requieren pensamiento. La mayoría de las personas simplemente reaccionan, lo cual requiere poco pensamiento, y en una situación de pánico inevitablemente cometerán terribles y graves errores.

Así que *esté* alerta. Para estimular esa conciencia, recuerde hacer una pausa, respirar, reflexionar y estudiar su entorno.

Entre en acción

Domine el cambio tomando la acción apropiada.

Espiritualmente, esto significa mejorar su vida de oración y lectura de la Biblia. La Palabra de Dios está llena de respuestas increíbles, si somos sensibles para escuchar Su voz a través del ministerio de Su Espíritu que le da vida a Su Palabra. El Señor le hablará e impartirá la sabiduría y la comprensión que necesita para este preciso momento. Actualice no solo su vida de oración y lectura de la Biblia, sino también su información porque su juicio no es mejor que la información que posea. Conozca los hechos.

NO HAY QUE MATARSE;
HAY QUE ENTRENARSE.

Actualice también sus habilidades o sus acreditaciones en algunas áreas en particular. Cuando la economía y el mercado de trabajo están cambiando, usted tiene que ser más mercadeable, más utilizable. No hay que matarse; hay que entrenarse.

Hágase más versátil. Si está entrando en una nueva etapa de la vida, tal como la paternidad, edúquese y busque libros o recursos de cristianos respetados sobre cómo ser un gran padre lleno de Dios.

Recuerde también que fue creado para aprender cosas nuevas. No se crea la mentira de que "perro viejo no aprende trucos nuevos". ¿Alguna vez ha tratado realmente de enseñar a un perro viejo a hacer trucos nuevos? Si le recompensa con bastantes golosinas, el perro viejo aprenderá a dar vueltas, sentarse y arrastrar las patas. ¡Claro que sí, puede enseñarle!

Hace poco supe de una señora que tiene setenta y cuatro años de edad y corre 16 kilómetros al día. ¡Ella ni siquiera comenzó a correr hasta que tuvo cincuenta y tantos! ¡Así que no se atreva a decir que no puede hacer algo nuevo porque ya está demasiado viejo! No deje que nadie le ponga una etiqueta; tenga cuidado cuando esté cerca de mucha gente negativa o de bajo rendimiento. No les deje influenciar la perspectiva que tiene de sí mismo, y no permita que le impidan tomar la acción que sabe que es la correcta.

Acometer la acción correcta también significa hacer suficiente ejercicio, dormir lo suficiente y comer los alimentos apropiados en las cantidades adecuadas. A menudo, cuando nos enfrentamos a grandes cambios, empezamos a ignorar todas esas cosas, y se hace difícil convivir con nosotros porque nos volvemos irritables. *A usted* se le hace difícil vivir con usted mismo. Así que, aunque esto le parezca obvio, haga lo necesario para mantenerse bien descansado, renovado y fortalecido a través del ejercicio, y manténgase alimentado y bien nutrido.

Como una nota al margen, también le animo a buscar el humor siempre que sea posible. Hay muchísimas cosas en este mundo que dan ganas de llorar, así que tiene que buscar conscientemente lo que le hará reír. La risa disminuye la presión arterial y alivia el estrés. Es maravilloso aprender sobre los beneficios físicos que se obtienen de una buena risa, según los estudios que lo han demostrado.[1]

---

1. Véase "Stress Management" [Manejo del estrés], Mayo Clinic, www.mayoclinic.org/healthy-living/stress-management/in-depth/stress-relief/art-20044456 (revisado 22 de abril de 2015).

Así que tome acción; convierta sus temores y ansiedades en actividad positiva.

CONVIERTA SUS TEMORES Y ANSIEDADES EN ACTIVIDAD POSITIVA.

Y cuando digo *acción*, me refiero a *acciones nuevas y diferentes*. Muestre a través de sus acciones cómo se está reposicionando. Si alguna vez hubo un tiempo para reposicionarse, ese tiempo es ahora, porque lo que sea que lo trajo a donde se encuentra hoy (su entrenamiento pasado, la tecnología del pasado, o cualquier otra cosa) no va a hacerle llegar a donde quiere en el futuro.

Cuando se enfrenta a un ambiente de profundo cambio, es posible que tenga el deseo de tomar acción, pero no sabe por dónde empezar. No puede resolverlo todo de una vez y está prácticamente paralizado por la magnitud de lo que tiene delante. Si esa es su situación, entonces le sugiero descomponer esa dificultad inmensa en componentes más pequeños. Una vez que comience a solucionar una cosa pequeña y a resolver una mínima parte del problema, se sorprenderá de ver cómo toda solución pequeña abre la puerta a una más grande. Así que entre en un "modo de resolución de problemas" y simplifique su enfoque. Si hay veinticinco cosas que necesita corregir o ajustar, comience con tres. Esto creará el impulso necesario, y hay verdadero poder en tan solo el hecho de empezar y hacer un par de cosas. Ese impulso bendecirá su vida.

Manténgase conectado

Domine el cambio manteniéndose conectado con las personas, no evitándolos con un regodeo de auto compasión. Socialice con las personas, hable con ellas; no se aísle. Vea lo que puede aprender de ellas.

He mencionado este concepto antes, pero quiero explicarlo un poco mejor ahora. Yo veo a cada persona como un *tesoro*. En cada ser humano existe oro, pero hay que extraerlo. A veces hay que abrirse camino a través de la suciedad y el fango con el fin de llegar al oro. Yo no permito que la suciedad que pudiera ver en las personas, ya sea la inmundicia de su lenguaje, la destitución de sus vidas, la aparente arrogancia de su corazón, o lo que sea, oculte el hecho de que hay un gran valor en cada ser humano, algo que puede enseñarnos a usted y a mí. He oído frases absolutamente sabias salir de las bocas de personas que viven en la calle. Se sorprendería de la gran lucidez que poseen quienes han sido rechazados por la sociedad. Véase a sí mismo como un buscador de tesoros mientras interactúa con todo tipo de personas. Buscad y hallaréis.

Los tesoros suelen estar ocultos, así que tiene que hablar con las personas, observarlos con detenimiento, conocerles con cuidado y profundamente. Todo aquello que una persona ha tenido que enfrentar y las lecciones que ha aprendido pueden convertirse en *su* sabiduría, si usted aprende cómo extraer el tesoro de ellos. No tenga la actitud de que lo sabe todo. Cultive una humildad relacional que reconoce que se puede aprender algo de cualquier persona. Reconozca el valor de las diversas perspectivas que otros le pueden ofrecer.

Si usted es mayor, manténgase en contacto con personas más jóvenes. Estos le ayudarán a entender la cultura de cambio, porque ellos acogen los cambios de hoy en día con más facilidad. Pueden servirle de guía para ayudarle a adaptarse. A menudo los jóvenes son naturalmente diestros en la clase de cosas a las que usted no se acostumbra con facilidad. Así que manténgase conectado a ellos, y se contagiará con su energía.

Si es joven, manténgase en contacto con las personas mayores. Sí, usted podría pensar que son aburridas, pero cualquiera que sea la situación que está enfrentando en este momento, hay una buena posibilidad de que ellas ya hayan pasado por eso. Déjenme decirles esto, muchachos: cuanto más atrás miren, cuanto más adelante podrán ver.

Hay una sabiduría en sus abuelos y en sus bisabuelos, que ustedes aún no poseen. Las personas más jóvenes piensan que todo es nuevo, pero los mayores saben que no hay nada nuevo bajo el sol. Permanezcan conectados con ellos, y ellos les harán madurar.

CUANTO MÁS ATRÁS MIRE, CUANTO MÁS ADELANTE PODRÁ VER.

Todo el mundo necesita al menos tres relaciones vitales en su vida. En primer lugar, todo el mundo necesita un Pablo. Pablo fue un padre, un mentor. Él le podía mostrar cómo vivir, cómo hacer misiones; él conocía los enredos de la vida. Él abrió el camino y lo dejó abierto para que el resto de nosotros lo siguiera.

En segundo lugar, todo el mundo necesita un Bernabé. El nombre Bernabé significa "alentador", y todos necesitamos uno. Cada esposo necesita una alentadora en su esposa; los hombres necesitan una porrista que les anime, incluso cuando están perdiendo el juego. Un hombre necesita más amor cuando menos se lo merece. Y cuando una mujer se equivoca, ¡ella también necesita un Bernabé! No le hace falta un juez, ni un entrenador que le grite en la cara: "¿Qué estabas haciendo? ¿En qué estabas pensando? ¿Perdiste la cabeza o qué?". Ella necesita a alguien que sea tierno y compasivo, que la honre, la respete y que le asegure: "Sigues siendo mi nena".

Esta relación "Bernabé" es alguien que, al no estar tan locamente enamorado de usted, le puede decir las verdades acerca de su persona. Es alguien que no está atrapado en su imagen y por tanto puede ser honesto y decirle, sin pensarlo dos veces, lo que opina de usted para mejorarlo como persona.

En tercer lugar, todo el mundo necesita un Timoteo. Timoteo es el discípulo, el protegido a quien el mentor imparte su vida. Después que alguien lo haya hecho con usted, aprenda a invertir su vida en otros. Alguien le ayudó, así que ahora debe ayudar a los demás. Bríndeles el beneficio de su sabiduría, compártala con ellos. Observe que en diferentes momentos usted puede ser las tres cosas: unas veces puede ser el Pablo de alguien, su Bernabé o su Timoteo. Independientemente de la relación exacta que tenga con ellas, solo asegúrese de conectarse con las personas.

Aprenda de cada cambio

Domine el cambio aprendiendo de él, de manera que esté mejor preparado para la próxima ola. Primero averigüe qué causó el cambio, luego pregunte si se pudo haber evitado. Si no se pudo haber evitado, luego pregunte por qué el cambio es genuinamente necesario. Anticipe el cambio futuro, y decida cómo influir en él en vez de convertirse en una víctima del mismo. ¿Qué puede estar haciendo ya, aquí mismo, ahora mismo, para iniciar un cambio provechoso?

Usted está diseñado divinamente para ser un aprendiz. Dios nos ha hecho estratégicamente con mucha precisión, pero también con mucha flexibilidad. ¡La buena noticia del Evangelio es que no tiene que permanecer en el lugar donde está! Recuerde que su futuro no está basado en dónde se encuentra, sino en dónde decida quedarse.

SU FUTURO NO ESTÁ BASADO EN DÓNDE SE ENCUENTRA, SINO EN DÓNDE DECIDA QUEDARSE.

Sea flexible en medio del cambio, pero también localice e identifique sus *constantes* y sus *variables*. Debe haber un ancla que le asegure, de manera que pueda decir: "Esto es lo que soy. Aquí es a donde pertenezco en este momento". Encuentre su ancla, encuentre sus principios que nunca cambian. Encuentre aquellos elementos que nunca deben cambiar, esos que no son negociables. Y si no tiene ninguno, ¡mejor empiece a buscarlos en la Palabra de Jesús ahora mismo!

No simplemente *pase* por la vida. *Crezca* con la vida. Luche por ser abierto y flexible al cambio. El poderoso roble se romperá en medio de una tormenta, pero una palmera flexible se doblará hasta el suelo, y cuando la tormenta haya pasado se levantará nuevamente. Sea como la palmera: lista para cualquier huracán que aparezca en su sendero, en el paisaje marino del mundo de hoy.

Y recuerde que las respuestas siempre están cambiando. Algo que puede haber sido cierto el año pasado, no es necesariamente cierto este año. Permítame compartir una anécdota reveladora de la vida del gran físico Albert Einstein.

NO SIMPLEMENTE PASE POR LA VIDA.
CREZCA CON LA VIDA.

Se cuenta la historia de cómo Einstein y un maestro asistente caminaban de regreso a la oficina del profesor después de administrar un examen a una clase avanzada de estudiantes de física. Con las pruebas apiladas en sus brazos, el asistente le preguntó: "Dr. Einstein, ¿no fue este el mismo examen que les dio a estos mismos estudiantes el año pasado?".

El profesor respondió que, efectivamente, lo era.

El joven asistente continuó: "Discúlpeme por preguntar, señor, pero ¿cómo pudo usted darles el mismo examen dos años seguidos?".

Einstein miró a su asistente y le respondió: "Hijo, las respuestas han cambiado".[2]

¡Sí, muchas respuestas a nuestras preguntas ya no son las de antes! Hay muchas cosas que funcionaron bien en el pasado, pero ahora nuestra cultura ha cambiado, y con ella las respuestas, las soluciones y los mejores enfoques.

2. Véase "Albert Einstein Anecdotes" The Gold Scales [Anéctodas de Albert Einstein: Las escamas de oro], http://oaks.nvg.org/sa5ra17.html (revisado el 22 de abril de 2015).

Evite quejarse

Quejarse es el sello distintivo de una víctima, no el de un amo. La queja provocará que se quede atascado en el problema; quejarse atrae situaciones y personas negativas a su alrededor. Los llorones no son ganadores y los ganadores no son llorones. ¿Sabía usted que los hijos de Israel anduvieron por el desierto durante cuarenta años, hasta que toda una generación murió porque Dios no podía soportar sus quejas? Lo único que hicieron fue quejarse, lamentarse y renegar de todo lo que ellos pensaban que estaba mal.

LOS LLORONES NO SON GANADORES Y LOS GANADORES NO SON LLORONES.

En el desierto, toda la congregación de los hijos de Israel murmuró contra Moisés y Aarón. Los hijos de Israel les decían: —Ojalá hubiéramos muerto a manos de Jehová en la tierra de Egipto, cuando nos sentábamos ante las ollas de carne, cuando comíamos pan hasta saciarnos, pues nos habéis sacado a este desierto para matar de hambre a toda esta multitud.

(Éxodo 16:2–3)

¿Se ha dado cuenta de que quejarse no hace que las cosas mejoren, sino que empeoren? ¿Alguna vez ha visto a los quejosos crónicos solucionar sus problemas por medio de sus quejas? ¡Quejarse es como amarrarse sus propias manos a la espalda y esperar a que alguien venga a liberarle! En lugar de quejarse, haga preguntas. Busque entendimiento. Piense: *¿Por qué esto salió mal? ¿Tuve yo que ver con esto? ¿No era el momento adecuado? ¿Tenía los motivos equivocados? ¿Qué quiere Dios que yo aprenda de esto? ¿Qué puedo hacer mejor la próxima vez?*

Sin lugar a dudas, cuando está en transición sucederán cosas incómodas. Sentirá deseos de quejarse. Se sentirá cansado de comer siempre lo mismo todos los días y de caminar con las mismas sandalias viejas, como los israelitas. ¡Pero las transiciones no están diseñadas para ser cómodas! Los israelitas clamaron a Dios para que les llevara de vuelta a los viejos tiempos en Egipto, donde tenían gran cantidad de frutas frescas y verduras, carnes y especias. Pero se les olvidó una cosa: atrás, en Egipto, ¿qué eran ellos? ¿Reyes? ¿Siervos? ¡No, eran *esclavos*!

Así que cuando empiece a pedirle a Dios: "Llévame de vuelta al pasado", sea veraz y honesto consigo mismo: ¡no era tan bueno allá en aquel entonces! Había muchísimas cosas que no tenía. Dios está tratando de llevarnos a un lugar completamente nuevo. Lo mejor está por venir. Se lo aseguro, esto se pone mejor. El cielo está delante de nosotros, no detrás de nosotros.

He tenido días malos, como todos. No niego que las cosas se pueden poner terriblemente difíciles. Pero he tenido buenos días también, y no me quejaré. No; mientras haya aliento en mi cuerpo, bendeciré a mi Señor. Desnudo vine a este mundo, y desnudo voy a irme; bendito sea el nombre del Señor. Me niego a ser conocido como un quejoso. No quiero que cuando alguien me vea entrando por la puerta diga: "Ay, aquí viene otra vez, ¡cuidado! Ya va a quejarse. La comida estaba demasiado salada, demasiado picante, hacía demasiado calor, hacía demasiado frío, costó demasiado, era demasiado barata, tenía demasiada grasa". Ese tipo de persona encuentra algo malo en todo y sus actitudes son contagiosas.

Cuando les pregunto a las personas cómo les va y me dicen: "No me puedo quejar", yo les digo: "Bueno, no sería de mucha ayuda si lo hiciera". Para ser un amo del cambio, absténgase de quejarse. Trate con las cosas negativas, pero no haga mucho énfasis en ellas. Tenga la regla de los treinta segundos: treinta segundos para decir lo que está mal, y se acabó. Entonces el sol volverá a salir.

CAMBIE SU TRAYECTORIA Y RECUERDE:

Cómo ser amo y no una víctima del cambio:

1. **Esté alerta.** En la medida en que se vuelve más perceptivo, cuando ve los signos reveladores de que algo está

por suceder, tómese el tiempo necesario para hacer una pausa, aminorar la velocidad y pensar en su situación.

2. **Tome la acción apropiada.** Muestre a través de sus acciones cómo se está reposicionando. Lo que sea que lo trajo a donde se encuentra hoy no va a hacerle llegar a donde quiere en el futuro.
3. **Manténgase conectado con las personas.** No tenga la actitud de que lo sabe todo. Cultive una humildad relacional que reconoce que se puede aprender algo de cualquier persona.
4. **Aprenda de cada cambio.** Domine el cambio aprendiendo de él, de manera que esté mejor preparado para la próxima ola. Anticipe el cambio futuro, y decida cómo influir en él en vez de convertirse en una víctima del mismo.
5. **Evite quejarse.** La queja provocará que se quede atascado en el problema; quejarse atrae situaciones y personas negativas a su alrededor. Los llorones no son ganadores y los ganadores no son llorones.

7

Su nivel de pensamiento

No podemos vivir por encima del nivel de nuestros pensamientos. Cada uno de nosotros está limitado al conocimiento que está en nuestra mente, así como a las perspectivas y suposiciones que llenan y dan color a nuestros pensamientos. Usted nunca será en el futuro más de lo que piensa ahora que es. Cada persona está definida por lo que sucede mentalmente dentro de ella: *"Porque cual es su pensamiento en su corazón, tal es él"* (Proverbios 23:7 RVR1960). Su vida está limitada al nivel de sus pensamientos.

SU VIDA ESTÁ LIMITADA AL NIVEL DE SUS PENSAMIENTOS.

Mi padre comenzó a pensar en sí mismo como un millonario mucho antes de serlo. Él empezó su negocio con $17.42 (17 dólares y 42 centavos) en el bolsillo, pero se consideraba millonario. Si usted hubiera sabido que su cuenta bancaria cabía dentro de la cabeza de un alfiler, ¡habría pensado que estaba loco al verle actuar! Pero nadie en la calle sabía cuánto dinero tenía en el banco. Lo que veían era a un hombre que se comportaba con confianza y cautela. Muchos pensaban que era millonario cuando aún vivía de sueldo en sueldo, y todo porque se comportaba como tal.

Cuando su vida experimenta cambio, tiene que cambiar su forma de pensar; tiene que replantearse. No puede procesar mentalmente las cosas de la misma manera que siempre lo ha hecho. Su pensamiento debe evolucionar según evolucionan sus experiencias de vida. Albert Einstein dijo una vez: "Los problemas significativos que enfrentamos no pueden resolverse en el mismo nivel de pensamiento que teníamos cuando los creamos". Así que tenemos que cambiar nuestros patrones de pensamiento y nuestros enfoques mentales.

En este capítulo quiero dirigir su atención a algunas habilidades y prácticas específicas que pueden ayudarle a elevar su nivel de *pensamiento* o su vida mental. Considere estas habilidades como puertas que le conducen a un mayor nivel de pensamiento.

Reevalúe su nueva realidad

Cuando esté atravesando una etapa de cambio, deténgase y reevalúe. Usted sabrá que es hora de reevaluar su vida cuando comience a experimentar estrés, resistencia, frustración, fracaso, desilusión o dificultades de cualquier tipo. ¿Le está sucediendo ahora?

Si está irritable, enojado o infeliz con su trabajo o situación personal de manera crónica, hay una disonancia cognitiva entre donde *está* y donde sabe que *debe estar*. Si eso es lo que está experimentando, no se desanime. Si se da cuenta, y piensa: "Me estoy poniendo viejo, no soy feliz, estoy frustrado, estresado", entonces deténgase y considere lo *que* está haciendo, *por qué* lo está haciendo, *cuándo* lo está haciendo, y *con quién* y *para quién* lo está haciendo.

Siempre que las cosas cambian y se mueven, tiene que indagar: "¿Dónde estoy ahora?". Siempre que trata con el cambio, su primera responsabilidad es definir la realidad. Tiene que conocer los hechos. No puede cambiar la realidad hasta que la defina con precisión. Vea el mundo tal como es y no como quiere que sea. Usted no puede hacer sus planes a base de donde piensa que está; tiene que averiguar dónde se halla *en realidad*, y basar sus planes en eso. Tiene que reconocer la realidad y hacerle frente. Recuerde que la realidad de hoy es muy probable que sea una realidad nueva, no aquella pasada a la que está acostumbrado.

HAY UNA DISONANCIA COGNITIVA ENTRE DONDE ESTÁ Y DONDE SABE QUE DEBE ESTAR.

Antes de que pueda continuar con éxito hacia su destino, tendrá que volver a calibrar. En su sistema de posicionamiento, el satélite tiene que saber dónde se encuentra actualmente, o de lo contrario no le puede dar instrucciones en cuanto al lugar donde necesita estar. Por eso necesita reevaluar.

Si en verdad quiere una evaluación objetiva, pregúntele a su vecino, a su amigo, a alguien que esté cerca de usted, pero que no esté perdidamente enamorado de usted, quien le dirá la verdad sobre su persona. Si sus amigos solo le dicen cosas halagadoras, entonces en realidad no están siendo amigos. La Biblia dice que debemos *animarnos* unos a otros al amor y a las buenas obras. Todos necesitamos ese tipo de ánimo. Usted necesita la verdad. Necesita una evaluación honesta.

Así que cuando se encuentre en el dolor, en la confusión, en la frustración, o en la depresión, su mente está batallando consigo misma. Escuche la batalla, escuche sus pensamientos. Verbalícelos. Reevalúe. Hágase a sí mismo algunas preguntas serias, como: "¿Qué partes de mi vida necesitan reorganizarse o reestructurarse, a la luz de mi nueva realidad?". "¿Cómo puedo ser más productivo y eficaz para luchar por mi verdadera meta en la vida?". "¿Qué necesito simplificar en mi vida, para reducir la complejidad y la tensión?". Pronto se dará cuenta de que hay una manera de alinear la posición *donde* está con la posición *donde debe estar*.

Escríbalo en papel

Cuando esté procesando el cambio, haga estas preguntas y luego escriba sus mejores respuestas. Para agudizar y profundizar su pensamiento sobre cualquier situación particular que le oprime y estresa, simplemente escriba los detalles en una hoja de papel. Cuantos más detalles escriba, su pensamiento se volverá más tranquilo, claro y eficaz. Muy a menudo, el curso correcto de acción parecerá saltar de la página cuando se toma el tiempo para escribir los detalles a la manera antigua.

EL CURSO CORRECTO DE ACCIÓN PARECERÁ SALTAR DE LA PÁGINA CUANDO SE TOMA EL TIEMPO PARA ESCRIBIR LOS DETALLES A LA MANERA ANTIGUA.

Al escribir, incluya la mayor cantidad posible de detalles. En lugar de luchar con todos esos múltiples factores que se revuelven en su mente, de sentirse frustrado, de perder el sueño y dar vueltas en la cama y ponerse bravo, tome papel y lápiz y escríbalo todo para que pueda examinar la situación sosegadamente, y con claridad pueda decidir cómo tratar con ella. Ponga un cuaderno al lado de su cama, a fin de que si usted está luchando con algo durante la noche, pueda escribirlo.

Aquí está el principio: *en el papel, fuera de su mente*. Usted puede manejar mejor la situación cuando sus detalles están escritos con tinta ahí frente a usted, que cuando están dándole vueltas aleatoriamente en su cerebro. Sobre el papel puede organizar los datos, analizarlos y dividirlos en secciones. Le ayudará a precisar dónde puede haber una falla y dónde hay cosas que necesita cambiar. Se sorprenderá al ver cómo esto le ayudará a dirigir sus pensamientos hacia una solución válida.

Esté dispuesto a reinventarse

Reinventarse implica tachar su pasado e imaginar lo que podría o debería hacer para empezar de nuevo hoy con borrón y cuenta nueva. Hágase estas preguntas: "Si mi casa y mi negocio se quemaran completamente durante la noche, y tuviera que empezar todo de nuevo, ¿qué haría diferente? ¿Qué volvería a hacer inmediatamente y qué nunca empezaría de nuevo? ¿Qué reemplazaría y actualizaría? ¿Qué trataría de mantener igual que antes?".

Solo pensar cuidadosamente en este ejercicio puede generar ideas de lo que puede lograr estratégicamente ahora; ¡sin tener que perder nada en un incendio!

Aquí hay otra buena serie de preguntas: si el campo en el que usted es un experto, su carrera, quedara obsoleto, y esas habilidades y capacidades ya nadie las quisiera, ¿qué nuevo tipo de trabajo escogería? Si tuviera que empezar todo de nuevo, *¿dónde* elegiría hacerlo? ¿Cuáles habilidades o capacidades preferiría desarrollar o refinar? ¿Cómo se reinventaría a usted mismo?

Las empresas que no innovan no sobreviven. De hecho, cuanto más éxito tiene una empresa, más tiene que innovar para mantenerse en la cima. Los que no innovan terminan siendo superados o desplazados por quienes sí lo hacen. Si usted tiene un negocio que no innova, o un ministerio que no innova, estos se volverán irrelevantes. Del mismo modo, las personas que no innovan o no se reposicionan, terminarán sin una posición, sin influencia y sin alcance. Así que continúe cambiándose y desafiándose a sí mismo. Esto significa que tendrá que enfrentar constantemente sus limitaciones y deberá negarse a ser mediocre. Nadie deja su camino para contratar gente mediocre. Las empresas quieren personas excepcionales que trabajen para ellas, así que no sea mediocre. Tiene que tener un pensamiento de avanzada. Tiene que mirar con realismo el paisaje marino cambiante donde todos nos encontramos, aprender todo lo que pueda y responder a eso.

Recuerde siempre que esta es una tarea para usted y para nadie más. Esté dispuesto a ser como un águila, que se eleva en soledad, pero también en majestuosidad. No estamos llamados a pertenecer a todos estos grupos y camarillas de personas que nos hacen sentir muy bien acerca de nosotros mismos, porque son iguales que nosotros. Si Dios va a desarrollarle y a llevarle al siguiente nivel, usted no va a ir con todo un grupo de amigos. Cuando Dios lo lleva a través de algún proceso, sus amigos no pueden ir con usted. Su cónyuge no puede ir con usted, como tampoco su mejor amigo, sus hermanos o sus hijos. Si está llamado a hacer algo relevante, debe estar familiarizado con la soledad.

ESTÉ DISPUESTO A SER COMO UN ÁGUILA, QUE SE ELEVA EN SOLEDAD, PERO TAMBIÉN EN MAJESTUOSIDAD.

Trabaje en usted

Anote esto: "Trabaje más duro en *usted* que en su trabajo". Piense en usted como polifacético. Tenga una mentalidad de excelencia y versatilidad.

Capacitarse en el trabajo le permite realizar una labor determinada, pero desarrollarse como persona le permite desempeñar *varios* tipos de trabajos. Así que desarróllese y capacítese en varias áreas, y se hará más valioso. Si en su trabajo fueran a despedir personas, encontrará con más facilidad una puerta abierta en cualquier otro lado porque se ha desarrollado a sí mismo.

Cuando le digo que trabaje más duro en sí mismo que en su trabajo, no estoy hablando de minimizar el esfuerzo que hace en su posición actual. La verdad es que cuando trabaja más duro en *sí mismo*, termina siendo más valioso en *cualquier trabajo*, incluyendo el actual. A veces las empresas se quejan de la frecuencia con que un empleado se va después de haber invertido dinero y entrenamiento en él. Pero, como otros han manifestado, ¡es peor *no* capacitarlos y hacer que se queden!

Una vez un director escuchó a una profesora diciéndole a alguien que ella tenía veinticinco años de experiencia en la enseñanza. Ese director más tarde comentó: "Esta mujer no cuenta con veinticinco años de experiencia en la enseñanza; ¡lo que ella tiene es un año de experiencia que ha repetido veinticinco veces!". ¡Hay una gran diferencia! Él había observado que esta mujer nunca se había tomado tiempo para desarrollarse a sí misma. Ella sentía que ya había aprendido lo necesario, y eso era todo lo que iba a dar de sí misma; no estaba dando más de lo que ya tenía. Y debido a eso, se estaba quedando atrás y sus alumnos también.

Usted comete un terrible error en su vida cuando solo aprende el rol que ocupa en su posición y nunca se desarrolla para ser más. Al desarrollarse para ser mejor, valdrá más en el lugar donde se encuentra, y creará mayores puertas de oportunidad en muchos otros lugares.

¡ALTO A LA MEDIOCRIDAD. TENGA UN ESPÍRITU DE EXCELENCIA!

Debemos iniciar la campaña "¡Alto a la mediocridad!". Tenga un espíritu de excelencia. Es hora de que se canse de hacer solo lo suficiente para sobrevivir; solo lo necesario para no ser despedido. En vez de eso diga: "Quiero algo diferente; quiero tener un *espíritu de excelencia* dentro de mí, en todo lo que hago, en cada área de la vida". Esa determinación comienza en sus pensamientos y rápidamente se filtra hacia todas las otras áreas de su vida.

CAMBIE SU TRAYECTORIA Y RECUERDE:

1. **Cuando su vida experimenta cambio, reevalúe y defina su nueva realidad.** Hay una manera de alinear la posición *donde* está con la posición *donde debe estar.*
2. **Escriba sus situaciones en papel; "en el papel, fuera de la mente".** Cuando vea escritas las situaciones y posibles soluciones, las soluciones saltarán del papel.

3. **Esté dispuesto a reinventarse.** Las personas que no innovan terminarán sin una posición, sin influencia y sin alcance.
4. **Trabaje más duro en usted que en su trabajo.**
5. **¡Alto a la mediocridad! Tenga un espíritu de excelencia.**

8

Su visión

Visión es una imagen del futuro, de cómo pueden y deben ser las cosas. Solo usted puede saber exactamente cuál es su visión. Visión, en su sentido literal, es la capacidad de ver el suelo delante de usted. Pero metafóricamente significa más: supone la capacidad de ver hacia dónde la vida puede llevarle, hacia dónde le conducirán ciertas decisiones, y lo que determinadas personas harán por usted. La visión le da esa imagen del futuro que tanto desea y le muestra lo que su vida *puede y debe ser*. Si le falta esa visión, si no sabe cómo deberían ser las cosas para usted, entonces no será capaz de dar los pasos prácticos.

VISIÓN ES UNA IMAGEN DEL FUTURO, DE CÓMO PUEDEN Y DEBEN SER LAS COSAS.

Para cambiar del lugar donde está, tiene que decidir dónde le gustaría estar. Tiene que verse a sí mismo en otro lugar, operando a otro nivel, haciendo las cosas de manera diferente. No hay nada más poderoso que obtener una imagen de su futuro que lo haga preñarse con un propósito y dar a luz la acción.

¿Qué sucede donde no hay visión? El libro de Proverbios nos dice: *"Donde no hay visión, el pueblo perece"* (Proverbios 29:18 adaptado al Español de KJV). Debe estar especialmente atento al desarrollo de una visión para su vida.

Creer es ver

¿Se da cuenta de que solo después que Abraham obtuvo una imagen de su futuro, tuvo la fe suficiente para traer a manifestación lo que Dios le dijo que iba a pasar con él? El Señor había ordenado a este hombre que se levantara y saliera a la tierra que Él le mostraría, y Dios le prometió que allí le haría padre de muchas naciones. Abraham estaba oyendo estas cosas increíbles, que él nunca había visto ni imaginado.

Recuerde ahora aquella noche estrellada cuando Abraham plantó su tienda en esta nueva tierra a donde había sido dirigido. *"Entonces lo llevó fuera y le dijo: —Mira ahora los cielos y cuenta las estrellas, si es que las puedes contar. Y añadió: —Así será tu descendencia"* (Génesis 15:5). Dios le estaba mostrando algo, dándole una imagen. Entonces inmediatamente leemos esto acerca de Abraham: *"Abram creyó a Jehová y le fue contado por justicia"* (Génesis 15:6). Dios le dio a este hombre una imagen, y nueve meses más tarde nació su hijo Isaac, el hijo de la promesa. Después de ese suceso, en su nueva fe, se convirtió en el padre de Isaac y de la nación de Israel.

USTED TIENE QUE VERLO POR FE; SI NO PUEDE VERLO, NUNCA LO ALCANZARÁ.

¡Abraham creyó! La fe es ver, de la misma manera que Abraham vio, las promesas del futuro más allá de la realidad palpable. Usted tiene que verlo por fe; si no puede verlo, nunca lo alcanzará. Tiene que visualizarlo, mientras confía en Dios. Hasta que aquello que Dios le ha dicho no se haga visible en su mente y en su corazón, nunca va a suceder. Primero tiene que concebir una imagen de ello.

Tal vez usted mismo se ha oído decir: "Yo no me veo haciendo tal o cual cosa". Bueno, si eso es cierto, si usted no puede verse a sí mismo haciendo eso, entonces nunca lo hará. Hay algo que causa que brote la fe en el momento que usted visualiza lo que quiere. Por eso necesitamos una visión de tipo celestial.

Los científicos han hecho experimentos con la mente humana, y han descubierto que esta no puede definir la diferencia entre lo imaginario y lo real. De ahí que cuando está dormido y tiene un sueño lleno de acción, su cuerpo no sabe que es un sueño; su ritmo cardíaco se acelera, la respiración se hace más rápida y usted comienza a sudar. Si alguien le está persiguiendo en su sueño, es como si en verdad lo estuvieran haciendo. Su mente no sabe la diferencia.

De la misma manera, cuando Dios le muestra una visión de algo en su interior, todo en su sistema comienza a alinearse y a actuar como si fuera realidad. Recuerde nuevamente esta promesa que Dios da a Su pueblo: *"Porque yo sé los pensamientos que tengo acerca de vosotros, dice Jehová, pensamientos de paz y no de mal, para daros el fin que esperáis"* (Jeremías 29:11). Sí, Dios tiene planes para usted; en ese mismo pasaje, Él continúa diciendo:

> *Entonces me invocaréis. Vendréis y oraréis a mí, y yo os escucharé. Me buscaréis y me hallaréis, porque me buscaréis de todo vuestro corazón.* (Versículos 12–13)

Dios está diciendo: "Cuando me busques con todo tu corazón, te diré cuáles son estos planes. Quiero que tengas una imagen de ellos". Es la Palabra de Jehová la que trae esta visión a nuestros corazones, porque las palabras crean imágenes. ¡Así que escuche Su Palabra!

LAS PALABRAS CREAN IMÁGENES.

Tiene que obtener una imagen de ella. No será empoderado hasta que pueda ver esto como sucediéndole a *usted*. Casi tendrá que convencerse en cuanto a este asunto, hasta llegarlo a creer. La imagen se hace más definida cuando Dios le muestra el amor que Él tiene por usted, el gozo que le tiene reservado, la paz, y cómo Él quiere usarle. ¿Sabe que Dios puede permitir que este poder milagroso fluya a través de su vida, sus palabras y sus manos?

La visión trae disciplina

Con una verdadera visión del Señor, puede ver, por fin, una salida a su difícil situación actual. Si desea algo que nunca ha tenido, tiene que hacer algo que nunca ha hecho, porque si siempre hace lo mismo, seguirá obteniendo los mismos resultados.

Quiero que preste atención a esto con mucho cuidado: repetir el pasado no creará un nuevo futuro; repetir el pasado solo crea más del pasado. Para salir de donde está, primeramente debe decidir dónde prefiere estar, y hacer los cambios necesarios para llegar allí. La verdadera clave es que todo esto requiere visión, una imagen del futuro. De eso se trata la visión.

REPETIR EL PASADO NO CREARÁ UN NUEVO FUTURO; REPETIR EL PASADO SOLO CREA MÁS DEL PASADO.

Una vez que tiene esa visión clara, entonces posee la motivación para procurar algunas cosas nuevas con energía y diligencia. La visión trae disciplina a su vida. Usted se disciplina porque sabe que está trabajando hacia algo significativo y productivo.

Sin esa comprensión, la vida de las personas se sale peligrosamente de control. ¿Recuerda la Escritura que dice: "*Donde no hay visión, el pueblo perece*" (Proverbios 29:18 adaptado al Español de KJV)? Otra versión lo traduce así: "Donde no hay *visión, el pueblo se desenfrena*" (Proverbios 29:18 LBLA); otras lo traducen como "*la gente se descontrola*" (adaptada al Español de NCV) y "*la gente hace lo que quiere*" (adaptada al Español de GW). Las personas indisciplinadas son desenfrenadas, descontroladas y hacen lo que quieren, porque no tienen visión.

La visión promueve la planificación, la preparación y las expectativas

La verdadera visión no solo trae disciplina; también promueve la planificación, que a su vez genera expectativa. Su visión es una imagen del futuro y de cómo las cosas pueden y deben ser; eso debe provocar que se emocione y se ilusione. Me encanta lo que Zig Ziglar dice: "Usted ha nacido para ganar, pero para ganar debe planear ganar, estar preparado para ganar y esperar ganar". Ganar nunca es accidental; tiene que prepararse para ganar.

LA VERDADERA VISIÓN TRAE DISCIPLINA, PROMUEVE PLANIFICACIÓN Y GENERA EXPECTATIVA.

Si va a ganar en esta próxima etapa y temporada de su vida, eso no sucederá automáticamente. Se necesita planificación, preparación y expectativa. Tiene que esperar ciertas cosas, las cosas correctas. No espere que el mundo sea agradable con usted. ¿Sabe lo que es la decepción? Es la distancia entre lo que espera y la realidad que obtiene. Cuando tiene esa expectativa no realista de que todo el mundo va a quererle, le darán palmaditas en la espalda, le animarán y le facilitarán el camino, entonces la realidad le traerá una gran dosis de decepción. Mientras mayores sean sus expectativas, y menor su percepción de la realidad, más grande será su decepción.

La verdad es que siempre habrá algunas personas prestas a hablar mal de nosotros, cuestionar nuestros motivos, métodos y habilidades. Mas si nos damos cuenta de antemano de que esto es solo lo que la gente siempre tiende a hacer, vamos a reducir la brecha que cualquier decepción pudiera causarnos. Yo no estoy hablando de reducir nuestras expectativas respecto a Dios, sino de reducir nuestras expectativas en cuanto al sistema del mundo, que es anti-Dios.

Si tiene visión, entonces puede decir: "Dios, yo soy más de lo que otros dicen que soy". Por eso jamás permita que otra persona construya su mundo porque siempre lo hará demasiado pequeño. Cuando Dios le muestra una visión para el futuro, usted tiene que planificar y prepararse para una trayectoria cambiante. Únicamente aquellos que planifican y se preparan para eso, y están a la expectativa, tendrán éxito al final. Cuando la visión viene y crece, y Dios le permite ver algo bueno que Él le está mostrando para su futuro, esa es Su manera de decir: "Prepara tu corazón y tu mente. Quiero que te prepares, aun antes de que puedas entender cómo todo esto va a funcionar".

JAMÁS PERMITA QUE OTRA PERSONA CONSTRUYA SU MUNDO PORQUE SIEMPRE LO HARÁ DEMASIADO PEQUEÑO.

Considere que la raíz de la palabra *provisión* es "prever", que significa mirar hacia adelante y ver las necesidades antes de que las tenga. La provisión brota de la visión. Tiene que planificar el futuro, porque cuando Noé construyó el arca no estaba lloviendo. Si espera hasta que esté lloviendo para construir algo, entonces será demasiado tarde para usted. Noé no esperó a que su barco llegara, él construyó uno. Dios realmente tuvo que cambiar su trayectoria porque Noé ni siquiera conocía la lluvia, pues antes del diluvio nunca había llovido. La Biblia cuenta que había una especie de vapor que salía de la tierra y la regaba, pero nunca había llovido. Nadie había visto jamás la lluvia precipitarse desde las nubes. Así que Dios le dio a Noé una visión, y él hizo planes, durante años, mientras sus vecinos se reían de él a toda hora. Pero, ¿quién rió último?

Vaya más allá de la complacencia y el estancamiento

Quiero que note algo en el primer capítulo del libro de Sofonías, donde él está profetizando a Judá acerca del juicio que vendría sobre aquellos que piensan que nada va a suceder en el futuro. El Señor Dios les da este mensaje:

> *Acontecerá en aquel tiempo que yo escudriñaré a Jerusalén con linterna y castigaré a los hombres que reposan tranquilos como el vino asentado, los cuales dicen en su corazón: "Jehová ni hará bien ni hará mal".* (Sofonías 1:12)

Este es un mensaje profético para el pueblo de Dios, comunicándonos que las cosas no se van a quedar como siempre han estado. No solo es incorrecto pensar que no habrá cambios; ¡es un pecado categórico! Las circunstancias continuarán agitándose y evolucionarán. Y cuando vive el día de hoy como si nada fuera a cambiar en el futuro, eso hará que nunca se prepare para el futuro.

Usted estará "reposando tranquilo como el vino asentado", como lo dice este versículo. Por la forma en que estas palabras se traducen en otras versiones bíblicas, tales personas se describen como que "*reposan como el vino en sus heces*" (LBLA). Son personas que "*se establecen cómodamente*" (adaptado al Español de HCSB) o como *The Message* [El Mensaje] lo parafrasea, "*aquellos que están acomodados, gordos y perezosos, divirtiéndose y tomando las cosas con calma*" (adaptado al Español).[3]

No querrá estar satisfecho consigo mismo en tiempos inestables e inciertos como estos. Realmente no querrá estar estancado, reposando en comodidad. Aquellos que están reposando tranquilos, estancados en espíritu y se niegan a cambiar son los que cantan: "No, no seré conmovido". Bueno, a veces si usted no se mueve, le atropellarán.

A VECES, SI USTED NO SE MUEVE, LE ATROPELLARÁN.

El entorno sigue cambiando a su alrededor, y si usted no cambia, pudiera pensar que está bien sostenido cuando en realidad está cayendo lentamente, perdiendo terreno y sin poder avanzar. Es im-

3. Versículos bíblicos adaptados al Español por Grupo Scribere.

posible permanecer en un mismo lugar; o está *progresando* o está *retrocediendo.*

Permanecer atascado donde se encuentre (ya sea mentalmente, emocionalmente o psicológicamente) es como vivir bajo una maldición. Quizás se ha encontrado con viejos amigos y compañeros de clase quienes, cuando charla con ellos, revelan por sus actitudes y conversaciones que aún se encuentran en el mismo lugar mental y emocional que cuando estaban en la escuela. Lo puede decir por la forma en que lo tratan; como *ellos* no han cambiado, asumen que *usted* tampoco. Así que están atrapados en ese espacio donde se hallan. Y eso es una mala noticia.

ES IMPOSIBLE PERMANECER EN UN MISMO LUGAR; O ESTÁ PROGRESANDO O ESTÁ RETROCEDIENDO.

Si no ha hecho los preparativos para avanzar hacia el futuro, entonces va a ser relegado al mismo lugar donde está. Dentro de veinte años, pensará de la misma manera que ahora, con los mismos viejos hábitos y limitaciones. Cuando sigue haciendo las mismas cosas de la misma forma, continuará obteniendo los mismos resultados, y no mejorará. ¿Conoce a algunas personas que están satisfechas con su estilo de vida petrificado? No sienten que tienen que cambiar, y le dicen a la gente: "Yo soy adulto; y haré lo que yo quiera". Llegar a pensar que Dios no va a hacer nada, y que usted puede vivir como quiera y salirse con la suya es un engaño peligroso. El castigo de Dios atrapará a tales personas con sus tareas sin hacer y sin cumplir con su llamado.

CAMBIE SU TRAYECTORIA Y RECUERDE:

1. La visión le da la imagen del futuro que desea y le muestra lo que su vida *puede* y *debe* ser.

2. Con una verdadera visión del Señor, puede ver una salida a su difícil situación actual.
3. Si desea algo que nunca ha tenido, tiene que hacer algo que nunca ha hecho, porque si siempre hace lo mismo, seguirá obteniendo los mismos resultados.
4. La visión trae disciplina. Promueve provisión, exige planificación y crea expectativa.
5. No se acomode ni se quede estancado. Si no hace los preparativos para avanzar hacia el futuro, va a ser relegado al mismo lugar donde está.

9

Su futuro

Hay un proverbio latino que expresa: "Un hombre no está donde él está, sino donde ama". ¿Cuál es el destino que usted ama, y para el que Dios le ha dado una visión? ¿Está proyectándose hacia eso?

Una característica de las personas más exitosas y felices es que están intensamente orientadas hacia el futuro. Ellas se niegan a permanecer en lo que ha ocurrido en el pasado, en las cosas que no se pueden cambiar. En lugar de esto, se enfocan en los factores que están bajo su control y en las acciones que pueden tomar para crear el tipo de futuro que desean. Ellas creen que sus mejores días y sus experiencias más satisfactorias en realidad se encuentran en el futuro, a la espera de ser creadas y disfrutadas. Miran hacia el futuro como un niño espera la llegada de la Navidad.

Pero ¿por qué alguien que ha pasado por el dolor (y yo apostaría hasta mi último centavo a que cada uno de nosotros lo ha experimentado), podría emocionarse en cuanto al futuro? La respuesta es bastante sencilla: porque no estamos hechos para vivir en confort; estamos hechos para vivir con propósito. Me encanta algo que la profesora de negocios de Harvard, Rosabeth Moss Kanter, escribió una vez sobre el propósito: "Para mantenerse a la vanguardia, debe tener su próxima idea esperando en las alas". Y la próxima idea para su vida va a estar plenamente expuesta en la visión que Dios le da, mientras espera en Él y lo busca. Hemos hablado mucho sobre la incertidumbre y el malestar que vienen con el cambio. Pero el hecho es que el cambio puede ser bueno, muy bueno. Hay cambios personales por los que está pasando ahora, y también otros que experimentará después, que no solo son buenos, sino *necesarios*.

PARA MANTENERSE A LA VANGUARDIA, DEBE TENER SU SIGUIENTE IDEA ESPERANDO EN LAS ALAS.

Cualquier cosa que tenga verdadera vida *crece*. Esa es la mayor señal de que algo está vivo: cuando en realidad está creciendo. *Usted* debe estar creciendo. Independientemente de la edad que tenga, sepa que sus pensamientos, sus emociones y sus perspectivas deben expandirse y madurar hacia el futuro.

Escriba una declaración de misión

Para enfocarse en su propósito mientras mira hacia el futuro, quiero animarle a escribir una declaración de misión personal para el resto de su vida. Una declaración de misión personal responde a tres preguntas básicas:

1. ¿Cuál es el sentido de mi vida?
2. ¿Qué es lo que yo represento?
3. ¿Qué acciones estoy llevando a cabo para vivir según el sentido de mi vida y lo que yo represento?

Hágase estas tres preguntas. Asegúrese de que su declaración de misión sea congruente con lo que usted es, aquí y ahora mismo. Esa es la persona exacta que Dios quiere usar. No trate de ser alguien que no es. Sea *usted mismo*. Habrá una palabra que la gente asociará con su nombre, solo una. Cuando uno piensa en Job, la gente dice de inmediato: "La paciencia de Job". Ellos piensan en la paciencia. Cuando piensan en Abraham, la palabra que les viene a la mente es fe. Cuando piensan en Moisés, recuerdan la mansedumbre. Si yo digo "Tiger Woods", usted piensa en el *golf*. Cuando digo "Serena Williams", piensa en el *tenis*. ¿Cuál será su palabra?

Lo que yo soy cambia, pero quien yo soy importa eternamente. Nunca permita que el qué se confunda con el *quién*. Nunca permita que sus circunstancias le confundan en cuanto a la persona que se supone que es. No sugiero que sea fácil responder estas interrogantes. Hacer una separación entre lo que usted es y el rol que está asumiendo puede ser difícil en extremo, porque lo uno influye en lo otro dramáticamente. Sin embargo, a veces el Señor quiere que haga algo y eso requiere que se pregunte quién es en realidad. Jacob luchó con un ángel porque estaba muy desesperado por una respuesta a su persistente pregunta: "¿Quién soy yo, Señor, y qué se supone que debo hacer?". No tenía la más mínima idea. Y el Señor bendijo su lucha dándole una respuesta.

LO QUE YO SOY CAMBIA,
PERO QUIEN SOY ES ALGO QUE
IMPORTA ETERNAMENTE.

Permítame recordarle a un maravilloso hombre llamado Sir Alfred que vivió años atrás, que despertó una mañana, se sentó a desayunar y abrió el periódico. Leyó los obituarios y ¡vio su nombre allí, impreso en grandes letras negras! El periódico había publicado su obituario porque confundieron a Sir Alfred con su hermano recientemente fallecido. Así que Sir Alfred leyó su obituario mientras se tomaba una buena taza de café, y no sintió orgullo por lo que leyó. El obituario hablaba una y otra vez de cómo este hombre, Sir Alfred, había descubierto la dinamita TNT que había provocado tanta destrucción en todo el mundo, incluyendo objetos, lugares y vidas de personas. Se incorporó en su agradable y cómoda silla de madera. Él no estaba orgulloso de aquello que le había hecho rico durante su vida y de cómo se le estaba recordando. Esto lo hizo detenerse y preguntarse: *¿Cómo me gustaría ser recordado?* Ese día tomó una decisión *firme e inquebrantable* que cambió su trayectoria y su destino. Hoy no lo conocemos solamente por Sir Alfred. Su nombre es Sir Alfred Nobel, fundador del Premio Nobel de la Paz. Ya no se le recuerda por la destrucción que, de alguna manera, provocó mediante el descubrimiento de la dinamita. Él es conocido por la paz.

Usted también tiene la capacidad de cambiar la forma en que lo recuerden. Independientemente de lo que esté enfrentando en su vida actual, puede detenerse y preguntar: "Señor, en realidad ¿para qué me has llamado?". Cuando encuentra a un muchacho o muchacha joven que avanza guiado por una visión y un propósito, verá que su vida no se desvía hacia todo tipo de conductas malas y aberrantes. Es solamente por falta de visión que las personas perecen.

Dios puso esa energía y esa mente creativa en usted y, si no está trabajando en un propósito positivo, las utilizará para algo demoníaco, satánico; algo destructivo en su comportamiento hacia usted y hacia los demás. Por eso, lo mejor que puede hacer por usted o por una persona joven con la que tiene relación es conectarle con el propósito que Dios tiene para ella.

USTED FUE COLOCADO EN LA TIERRA PARA SATISFACER UNA NECESIDAD Y PARA RESOLVER UN PROBLEMA.

Cada hombre, cada mujer, vive una vida seca, apagada e insípida, y hará cosas mundanas, aburridas y rutinarias hasta que cobre vida en su propósito. Dios sabe exactamente por qué Él lo creó. Y no le hizo para ser igual a cualquier otra persona, porque si ese fuera el caso, uno de los dos sería innecesario. Dios le creó a propósito, con propósito y para un propósito, y hasta que no aproveche al máximo ese propósito, realmente no cobrará vida. Usted no es un accidente. No es algún protoplasma que salió del mar y se transformó mediante diversas adaptaciones durante miles de años. Usted fue creado como una creación divina intencional de Dios; fue colocado en la tierra para satisfacer una necesidad y para resolver un problema. Yo le reto hoy a tener hambre de Dios y a decir: "Dios, ¿por qué estoy aquí? Sé que estoy aquí para algo más que inhalar, exhalar y pagar impuestos".

Levántese y sea hecho de nuevo

Los cambios necesarios en su vida a veces pueden requerir un comienzo totalmente nuevo en un área determinada. De hecho, a menudo este es el caso. Ciertas personas tienen la opinión de que si usted está en las manos de Dios, nunca tendrá que volver a comenzar nada de nuevo. Pero yo quiero mostrarle, a través de la Palabra de Dios, que puede estar en las manos del Señor y aún así estar en malas condiciones. No significa que ya no esté en Sus manos, o que ya no sea Su hijo. Pero sí significa que Él quiere que usted haga algunos ajustes bien significativos.

Al principio de Jeremías 18, la Palabra del Señor a Su profeta comienza así: "*Levántate...*". ¿Sabe lo que significa esa palabra? *¡Levántese y vaya a un nivel más alto!* Nunca llegará a ningún lugar en la vida hasta que se levante de esa manera, tanto en la mente como en el cuerpo.

EN UN SISTEMA VIEJO, HAY PROGRAMAS QUE YA NO FUNCIONAN. CAMBIE EL SISTEMA OPERATIVO PARA OBTENER NUEVOS RESULTADOS.

En este encuentro con Jeremías, Dios le dijo: "*Levántate y vete a casa del alfarero*" (Jeremías 18:2). El profeta obedeció, y fue allí:

> *Descendí a casa del alfarero, y hallé que él estaba trabajando en el torno. Y la vasija de barro que él hacía se echó a perder en sus manos, pero él volvió a hacer otra vasija, según le pareció mejor hacerla.* (Versículos 3–4)

La frase "se echó a perder" significa "estropearse, desfigurarse"; la vasija de barro estaba imperfecta y defectuosa. El Señor le interpretó esta visión a Jeremías: *"Entonces vino a mí palabra de Jehová, diciendo: '¿No podré yo hacer con vosotros como este alfarero, casa de Israel?', dice Jehová. 'Como el barro en manos del alfarero, así sois vosotros en mis manos, casa de Israel'"* (versículos 5–6).

El alfarero tuvo que rehacer la vasija de barro que se echó a perder en su propia mano; se vio obligado a formar una nueva vasija. Tuvo que reinventarla, remodelarla, rediseñarla y crear un recipiente completamente nuevo.

La iglesia hoy es el nuevo Israel espiritual, y Dios está diciendo: "Escúchame, iglesia, te has estropeado. A pesar de que estabas en mi mano, te has echado a perder, y me estoy preparando para darte la forma de una vasija completamente nueva". Estoy muy agradecido de que Dios honra Su Palabra, no solo a veces, sino todo el tiempo. Es imposible que Él mienta. Si Dios hablara de algo que aún no existe, entonces llegaría a existir en ese momento porque Dios no puede mentir. Él será fiel a estas increíbles promesas.

Para algunos, Él hace que el camino atraviese la selva; hace que el río corra por el desierto. Tal vez usted es un hijo de Dios con el crédito destruido. Estar en esa terrible situación no significa que no sea un hijo de Dios, sino que necesita un nuevo comienzo en la forma de manejar sus finanzas. Por favor, comprenda que si su crédito está en ruinas, no es por causa de Dios. Él no provocó sus deudas. Pero puede ayudarle a empezar de nuevo.

Dios quiere hacer cosas nuevas. *"De modo que si alguno está en Cristo, nueva criatura es: las cosas viejas pasaron;* ***todas son hechas nuevas****"* (2 Corintios 5:17). Dios nos quiere convertir en una nueva vasija; Él dice: "Voy a poner en ti una nueva forma". Es como instalarle a una computadora un sistema operativo completamente nuevo. En un sistema viejo, hay programas que ya no funcionan. Cambie el sistema operativo para obtener nuevos resultados. Por diversas razones podemos echarnos a perder, incluso estando en Sus manos. Pero Dios dice: "Voy a hacer de ti otro recipiente, una vasija de honor, un recipiente que yo pueda usar de nuevas maneras. Tengo que mostrarte cómo ser flexible y adaptable para todo eso, de tal manera que puedas ser útil para muchas cosas". Así que Dios le convierte en algo que usted no era antes.

Dios hará un camino, un camino nuevo

Dios ha dicho que hará una cosa nueva. Él está comprometido con eso:

> *No os acordéis de las cosas pasadas ni traigáis a la memoria las cosas antiguas. He aquí que yo hago cosa nueva; pronto saldrá a luz, ¿no la conoceréis? Otra vez abriré camino en el desierto y ríos en la tierra estéril.* (Isaías 43:18–19)

Él está diciendo: "Haré algunas cosas que no has oído antes; haré algunas cosas para ti que aún no has visto. Voy a desafiar la lógica y el sentido común, porque haré un camino en el *desierto* y ríos *en la tierra estéril*".

¡Oh, la grandeza de nuestro admirable y maravilloso Dios! Aquí hay una nueva carretera para nosotros. Si se encuentra en un camino que no le conduce a ningún sitio, ¡tome otro camino! Eso es lo que Dios nos ofrece. El desierto es el lugar por el que nadie viaja, pero Dios está construyendo un camino allí. El desierto es el espacio donde no crece nada, solo la sequedad estéril, pero Dios dice que allí creará ríos que dan vida.

SI SE ENCUENTRA EN UN CAMINO QUE NO LE CONDUCE A NINGUN SITIO, TOME OTRO CAMINO.

Así que Dios anuncia: "Me estoy preparando para hacer algunas cosas… y todo por *hacer un camino para ti*". Dios hará un camino para usted; de alguna manera, Él va a hacer un camino. No siempre va a saber cómo y cuándo sucederá, pero sí sabe que Dios lo hará. Él dice: "*He aquí que yo hago cosa nueva*". A veces, aquello que Dios hace puede parecer algo pequeñito que Él nos da. ¡Sin embargo, con ese "algo pequeñito", usted puede llegar muy lejos!

CAMBIE SU TRAYECTORIA Y RECUERDE:

1. **Escriba una declaración de misión personal.**
2. **No confunda lo que es con quién es.**
3. **Sea usted mismo.**
4. **Dios le creó a propósito, con propósito y para un propósito.**
5. **Deje que Dios le haga nuevo.**
6. **Si se encuentra en un camino que no le conduce a ningún sitio, ¡tome otro camino!**
7. **¿Cómo le gustaría ser recordado?** Usted tiene la capacidad de cambiar la forma en que lo recuerden.

TERCERA PARTE:

Vuélvase práctico

10

Diez principios para cambiar su trayectoria

Usted notará que solo va por la mitad de este libro, pero ya se encuentra en la parte final: *Vuélvase práctico*. ¿Por qué? Porque yo estoy aquí precisamente para darle ayuda práctica. La teoría suena maravillosa y cuando usted la lee, se siente muy bien, pero cuando se trata de despertar mañana por la mañana y levantarse dando tumbos, usted necesita más que teoría. Necesita medidas prácticas, de manera que cuando se mire en el espejo, pueda decir: "¿Recuerdas? ¿Recuerdas lo que tienes que hacer?".

Así que aquí le presento diez pasos prácticos. Diez principios para cambiar su trayectoria. Diez verdades inmutables para estudiarlas una y otra vez. Recuerde, las políticas y los procedimientos pueden cambiar, pero los principios no. Los principios nunca cambian.

Principio #1: Busque al Señor

Cuando sea hora de cambiar su trayectoria, *busque al Señor*. No haga nada sin consultarle. No haga movimientos importantes sin consultar con Dios.

Escuchemos de nuevo las promesas de Dios en Jeremías 29, como lo parafrasea *The Message* [Mensaje]:

> *Yo sé lo que estoy haciendo. Lo tengo todo planeado; planes para cuidar de ti, no para abandonarte, son planes para darte el futuro que esperas. Cuando me invoques, cuando vengas a suplicar-*

> *me, yo te escucharé. Cuando vengas a buscarme, me encontrarás. Sí, cuando me busques en serio y lo quieras más que a todo lo demás, te aseguro que no te arrepentirás. [...] Voy a cambiarlo todo para ti. Puedes contar con eso.* (Versículos 11–14)[4]

Si le busca, Dios le dirá: "¡Me alegra que hayas venido a buscarme! ¡Estoy muy contento de que clames a mí! ¡Y yo te estoy escuchando!" Él le responderá y les hablará a su mente y a su corazón con múltiples garantías de Sus planes y Su presencia, y con una visión para su futuro. Por fe, podrá contar con el hecho de que las cosas van a mejorar para usted.

Así que busque y pida; pida y le será dado. Acepte lo que Dios le dice. Encuentre Su voluntad.

LOS PRINCIPIOS NUNCA CAMBIAN.

Cuando sepa que es hora de cambiar su trayectoria, dígale: "Señor, ¿a dónde debo ir ahora?". La sabiduría es simplemente saber qué hacer a continuación. Si usted no sabe qué hacer, *pregúntele al Señor*. Búsquelo. Póstrese delante de Él y dígale: "Señor, hay muchas cosas que están cambiando en mi trabajo. ¿Debo quedarme aquí, o me estás dirigiendo a otro lugar?".

Obtenga dirección de Él. Deje que Él le muestre el camino. Deje que se convierta en la brújula de su vida, para que pueda saber en qué dirección moverse. Puede ser que Él no le revele todo lo que usted desea, pero le mostrará lo suficiente para que pueda dar el próximo paso, y eso es todo lo que realmente necesita. Su promesa para usted es que Su Palabra será lámpara a sus pies y lumbrera a su camino, así que no va a tropezar en una situación oscura.

Principio #2: Parar viene antes de comenzar

Siempre hay algo que tiene que parar de hacer antes de comenzar a hacer otra cosa, y detenerse es, frecuentemente, el paso más difícil

4. Versículos bíblicos adaptados al Español por Grupo Scribere.

de su travesía. A veces Dios ordena nuestros pasos, y a veces Él ordena nuestras paradas.

SABER CUÁNDO PARAR ES LA MEJOR DE TODAS LAS ESTRATEGIAS.

Hay un proverbio chino que afirma: "Saber cuándo parar es la mejor de todas las estrategias". Tiene que saber cuándo hay que abandonar la fiesta; tiene que saber cuándo ha estado allí el tiempo suficiente, y es hora de irse.

Dios a menudo espera que dejemos nuestros propios caminos y nuestra voluntad, para que Su voluntad se pueda hacer. Él va a traerle a ese lugar de consagración donde pueda tomar esa decisión. Usted deja de forzar su voluntad y su camino, y le dice: "Señor, venga tu reino, hágase tu voluntad, en la tierra como en el cielo". De esta manera le está dando luz verde a Dios al demostrarle que su corazón está en el lugar correcto.

Cuando Dios se prepara para enviarle a otro lugar, a menudo se seca el arroyo del lugar donde usted está, como lo vimos en el caso de Elías. Así que si su trabajo se acaba, sepa que Dios se está preparando para darle inicio a algo diferente para usted. Dios no le abandonará, se lo aseguro. Incluso en una situación que parece no tener solución, Dios puede crear corrientes de agua en el desierto para usted. Él va a hacer un camino donde no existe ninguno porque Él es fiel a Su Palabra. Él le llevará a la nueva posición que necesita, o al nuevo lugar, o a la nueva relación, o al nuevo entendimiento. Y para llevarlo a estos, Dios detendrá cualquier cosa mediocre que ha estado experimentando en su vida o aquello que una vez funcionó, pero ya no.

Así que no se alarme cuando las cosas comienzan a detenerse en su vida, porque Dios está preparándose para comenzar algo mejor. Esa es Su manera de actuar. Cuando Él detuvo el Antiguo Testamento, comenzó el Nuevo. Cuando decidió detener todos aquellos sacrificios ceremoniales que requerían la sangre de toros y machos cabríos, ¡dio inicio a una nueva y eterna redención por la sangre de Su Hijo Jesucristo! Esa sangre se derramó una vez y por todas, y fue la propiciación por nuestros pecados.

¡Estoy aquí para decirle que Dios lo está llevando a un escalón más alto, a lo que es mejor, a lo que es superior! Las cosas están cambiando. Será mejor que busque a Dios para que haga algo en su futuro que sea mejor que cualquier cosa que haya tenido en el pasado. Él no está llevándole hacia atrás; Él le está empujando hacia adelante, hacia sus mejores días.

Principio #3: Sea brutalmente honesto

Cuando es hora de cambiar su trayectoria, *nada menos que una honestidad brutal le llevará allá.*

A las personas no les gusta reconocer que no están llegando al lugar que quieren en la vida. Pero ese tipo de honestidad es lo que se necesita. Así que admítalo; sí, *admítalo* y *abandónelo*. Si usted no puede o no quiere aceptar que lo que está haciendo no funciona, nunca dejará de hacerlo, ni seguirá adelante hacia algo mejor. Si usted está agotado, y entiende que su camino actual no está funcionando, y finalmente decide abandonarlo, esto le dará más energía para algo mejor, para su nueva trayectoria. Usted estará más *concentrado*. Cuando se agrega demasiada agua a algo que está concentrado, ese algo se disuelve. ¿Se ha tomado alguna vez una limonada o un té que estaban tan aguados, y ni siquiera se podían arreglar? Lo que quiero expresar es que si está demasiado fuerte, lo puede arreglar. Si está demasiado dulce, lo puede arreglar, pero si está aguado, no tiene solución. Usted tendrá más eficacia en su vida si no tiene miedo de admitir que está "diluyéndose" y que no tiene éxito en lo que hace.

Pero se necesita una honestidad brutal para llegar hasta ese punto.

Principio #4: Sáquele provecho a sus frustraciones

En lugar de ignorar sus frustraciones, aprovéchelas, porque pueden ayudarle a encontrar una nueva ruta. La insatisfacción es un precursor del cambio. Hay ciertas cosas en su vida que nunca van a cambiar hasta que se sienta frustrado e insatisfecho con ellas. Dios tiene que llevarle a una posición donde experimente lo que yo llamo "descontento santo". Ahí es donde se siente insatisfecho con el lugar donde se encuentra.

LA INSATISFACCIÓN ES UN PRECURSOR DEL CAMBIO.

Su frustración le permite saber que ha llegado a una etapa en la que tiene que ir más allá. Ya no se trata más de usted; no puede seguir viviendo de esa manera. Así que va a desarrollar una intolerancia en su espíritu; y dirá: "Ya no puedo lidiar con eso. ¡No puedo más con ese desorden! ¡Estoy demasiado viejo para eso! No creo que fui diseñado para vivir así. No voy a pasar el resto de mis días de esta forma. Antes yo podía lidiar con ese asunto, pero ahora ya no puedo". Se siente frustrado, y Dios usa la frustración como un precursor para el cambio. Así que saque provecho de sus frustraciones, y se convertirán en una buena señal de que Dios está listo para encaminarle a otra trayectoria.

Eso es lo que pasa cuando deja de sentirse alegre con el trabajo que antes le emocionaba y entusiasmaba tanto. Es una señal de que es hora de que se vaya. Eso es lo que sucede cuando los adolescentes que todavía viven en la casa con sus padres comienzan a pelear con todo el mundo y se sienten frustrados. Es la señal de que es hora de que se vayan.

John Rohn dijo lo siguiente: "La indignación y la determinación son dos de las grandes emociones que nos hacen cambiar". Aproveche su frustración, y verá y entenderá cómo en esa circunstancia Dios le ha retirado la gracia para enfrentar situaciones de la manera en que antes solía hacerlo. Cuando es el momento de abandonar ciertas cosas o ciertas personas en su vida, Dios le retirará la gracia para hacer frente a ese problema.

Principio #5: Enfóquese en "qué", no en "quién"

Cuando esté cambiando su trayectoria, enfóquese en el "qué", y no en el "quién". Es fácil culpar a otros de sus frustraciones, pero no lo haga. Si algo le ha salido mal, ni siquiera trate de averiguar de quién fue la culpa. No se enfoque en *quién* cometió el error; concéntrese en lo *que* tenemos que hacer para arreglarlo. *¿Qué* pasó? *¿Qué* hacemos ahora? Cuando culpa a alguien por un problema, o se excusa basándose en los errores de los demás (sean reales o imaginarios), los está empoderando sobre su propia vida.

Nunca dé a la situación más importancia que a la relación. Nunca permita que solucionar el problema sea más importante que mantener la relación. Eso es especialmente cierto en el matrimonio y en su familia. Así que no trate de "arreglar" a los demás; arregle la situación. Su problema no es "quién", sino "qué".

NUNCA DÉ A LA SITUACIÓN MÁS IMPORTANCIA QUE A LA RELACIÓN.

Principio #6: Cuéntele a otros sus planes

Usted protegerá a otros y se ayudará a sí mismo al cumplir este principio: Cuéntele sus planes a alguien más. Cuando esté cambiando su trayectoria, busque a alguien para que sea su confidente y dígale lo que hay en su corazón. Pida consejo a un cristiano experimentado. Si comparte sus ideas, esperanzas y planes, sus familiares y amigos le ayudarán a responsabilizarse con lo que ha planificado; ellos le ayudarán a mantener el rumbo. Usted le da mayor vida a su plan cuando se lo cuenta a otros.

Si está casado, nunca descuide compartir con su esposa o esposo lo que Dios ha puesto en su corazón. Si está casado, tiene un convenio, y debe tener la aprobación de su pareja antes de seguir adelante hacia una gran, nueva transición. Necesita el apoyo de ellos porque va a necesitar toda la ayuda que puedan brindarle: apoyo emocional, apoyo espiritual, apoyo en oración, y cualquier otro tipo de apoyo de todos aquellos que usted ama y que le rodean en su vida.

Necesitará tomar grandes decisiones a medida que cambia su trayectoria. Pero recuerde: no decida apresuradamente. Manténgase juicioso, explore sus opciones, tenga presente las consecuencias. Tómese el tiempo para pensar más despacio y explicarle lo que piensa a otra persona. Usted puede entender y dominar casi cualquier cosa si invierte el tiempo suficiente en estudiarlo, reflexionar sobre sus opciones, e intercambiar sus conclusiones con alguien de confianza. No se apresure en decidir su trayectoria principal.

Principio #7: Aumente su capacidad

¿Sabía que en la parábola de los talentos que Jesús nos da en Mateo 25:14–30, no se le dio estos "talentos" a cada individuo porque eran favorecidos, o por su orden de nacimiento, o debido a su justicia? Se les dio en base a la *capacidad* de cada uno, así que esa parábola nos ayuda a ver lo importante que es aumentar su capacidad.

El "talento" al que se refiere esa parábola equivalía aproximadamente entre $10.000 y $25.000. Se les dio a estos individuos en función de su capacidad para manejar la inversión y desarrollarla. El amo de la historia le dio a uno de sus siervos cinco talentos, a otro siervo dos talentos, y a otro un talento; "*a cada uno conforme a su capacidad*" (Mateo 25:15).

Los dos siervos de mayor habilidad recibieron cantidades mayores, y ellos a su vez produjeron mayores ganancias. Pero el último siervo que recibió la cantidad más pequeña terminó siendo una gran decepción.

Si quiere que se le confíe más, desarrolle su capacidad de manejar más. Puede estar seguro que Dios no va a confiarle algo que no pueda administrar. Sepa también que Dios no le confiará algo que usted a su vez no pueda ofrecer a los demás. Si no puede entregar algo para ayudar a alguien más, Dios no lo pondrá en sus manos. Si no puede dar dinero, Dios nunca le confiará dinero; si no puede dar alabanza, Dios nunca le confiará alabanza.

SI QUIERE QUE SE LE CONFÍE MÁS, DESARROLLE SU CAPACIDAD DE MANEJAR MÁS.

Aquí hay algo más: Dios no le va a dar aquello por lo que usted no se alegra cuando otros lo tienen y usted no. Tiene que ser capaz de celebrar las bendiciones en la vida de su hermano, en la vida de su hermana, en la vida de su amigo. No tenemos ningún derecho a odiar a otra persona por algo bueno que ha recibido. Hay que celebrar y decir: "¡Gracias, Dios, alguien que conozco ha sido bendecido con esto!". Sea feliz por ellos, *sinceramente* feliz. No se preocupe porque alguien tenga una casa mejor que la suya, o un auto más bonito, o un trabajo mejor, o lo que sea. Se sorprendería de lo mucho que la gente se amarga porque los demás tienen algo un poco mejor que lo de ellos. Esta tendencia de nuestros corazones es increíblemente perjudicial, ¡si tan solo nos diéramos cuenta de eso!

Quizás no haya notado que la primera vez que la palabra *pecado* es mencionada en la Biblia, no se refiere a Adán y Eva. Aparece por primera vez en Génesis 4:7, en referencia a los celos que sintió Caín cuando Dios aceptó el sacrificio de Abel, y no el suyo. Caín se enfadó, y Dios le hizo una advertencia: *"El pecado está a la puerta"*. Se trataba de un espíritu celoso, que codició lo que otro tenía. Caín tenía mucho que agradecer, pero estaba tan celoso por lo que su hermano Abel tenía, que no podía alegrarse con él, así que terminó convirtiéndose en un asesino y un exiliado. Celebre las bendiciones de los demás. Si quiere que Dios construya algo en su vida, ayude a otro a construir algo. Al hacerlo, sentará las bases para que Dios traiga eso a su propia vida.

Principio #8: Incorpore lo viejo a lo nuevo

Para una mayor sabiduría a la hora de cambiar su trayectoria, *incorpore lo viejo a lo nuevo*. Cuando se lance a hacer cambios en su vida, no asuma que todo tiene que cambiar. No tome medidas que sean demasiado drásticas.

Jesús nos enseñó un principio maravilloso en Mateo 13:52, donde dice que la persona conocedora del reino de los cielos *"es semejante a un padre de familia que saca de su tesoro cosas **nuevas y cosas viejas**"*. Hay tesoros nuevos y viejos, pero todo es un tesoro. Todo tiene valor y merece la pena guardarlo; tiene valor para usted y para el mundo. Sería una tontería botar un tesoro viejo solo porque tiene uno nuevo. Así que tenemos que aprender a incorporar ambos de forma creativa en nuestro futuro.

Entonces aprenda a tomar las cosas viejas y crear algo nuevo con ellas. Dele un nuevo valor a las cosas viejas. Tomar algo viejo y hacer de él algo nuevo es donde yace la genialidad. Solo hay tres colores primarios. Sin embargo, piense en el sinfín de tonos y matices que se pueden formar a partir de la mezcla de los tres. Tenemos solo diez dígitos del 0 al 9, pero fíjese en las infinitas combinaciones de números que se adicionan y se multiplican a partir de esos diez. La escala musical tiene siete notas: DO, RE, MI, FA, SOL, LA, SI, pero piense en todas las innumerables melodías de este mundo que salen de ellas.

Es increíble cómo usted puede tomar los fundamentos antiguos, inyectarles esa creatividad de Dios y hacer algo totalmente nuevo. Eso también significa que cuando usted cambia su trayectoria, no puede echar a un lado todos sus principios básicos y desechar los componentes básicos que hacen que usted sea *usted*.

Yo me pongo nervioso cuando estoy inmerso en alguna actividad y no hay gente de mediana edad o mayores. No quiero una iglesia que esté llena solamente de gente joven. ¡No significa que no me gusten los jóvenes porque sí me encantan! Me encantan los jóvenes y quiero que vengan a la iglesia. Pero también necesitamos ancianos en la iglesia que tengan sabiduría para dar perspectiva a los jóvenes. Los ancianos necesitan a los jóvenes porque estos poseen la energía. Necesitamos la fuerza de su espalda y la rapidez de sus pies. Las personas jóvenes, por el contrario, necesitan la firmeza de nuestro corazón y la sabiduría de nuestras mentes. Realmente me preocupa que nos hagamos viejos demasiado rápido y sabios demasiado tarde, pero podemos solucionarlo si los jóvenes y los viejos andamos juntos, y comprendemos que ambos tenemos necesidad el uno del otro. Ellos no se oponen entre sí. Lo viejo se puede incorporar a lo nuevo.

TOMAR ALGO VIEJO Y HACER DE ÉL ALGO NUEVO ES DONDE YACE LA GENIALIDAD.

Principio #9: Sea fiel a su propia historia

Ser auténtico significa literalmente "ser su propio autor". Ambas palabras derivan de la misma raíz griega (¡Yo dejaría de ser el obispo Bronner si no le explicara algo de etimología!). Cuando usted es fiel a sí mismo, vive la historia que Dios, el Autor y Consumador, quería que viviera. Tiene que ser fiel a su propia historia. Dios va a completar todo lo auténtico que Él ha puesto en usted.

Todo lo que forma parte de su naturaleza, si realmente forma parte de ella, está allí porque Dios lo produjo en usted. Y si Él dijo: "Yo voy a hacerte una persona de amor y compasión", si eso es lo que Él produjo en usted, entonces puede tratar de ser malo con la gente, ser frío, indiferente e insensible, pero tendrá que volver, pedir disculpas, y ser amoroso si ha de ser verdadero y auténtico a su verdadera persona creada en Cristo Jesús. Dios le hace volver atrás y hacer las cosas bien, porque Él lo ha hecho para ser una persona de amor y compasión. Así es como Él lo diseñó, así es como Él lo creó a Su imagen, y es por eso que Él le ha redimido y liberado por la sangre de Jesús.

Principio #10: Reconozca la Provisión y el Potencial Divinos

El último principio para su nueva trayectoria es *reconocer la provisión divina y su potencial divino.* Hay cosas que Dios ya ha formado dentro de usted, y nunca lo sabe hasta que se mete en situaciones difíciles. No sabe lo que puede hacer hasta que es llevado a una posición en la que tiene que hacerlo.

Se trata del potencial divino que Dios ha puesto en usted: las semillas para nuevas ideas, las semillas para nuevos negocios, empresas, logros y creaciones. Tal vez ha estado trabajando duro para los demás, y ahora está entrando en una etapa diferente en la que va a trabajar duro para sí mismo. Otros han tenido una visión y usted les ha servido; ahora Dios le confiará su propia visión. No tiene que avergonzarse de la bendición que Dios trae a su vida. Úsela para Su gloria. Declárela para Su gloria: *"Pero por la gracia de Dios soy lo que soy"* (1 Corintios 15:10).

Así que esté atento a la provisión de Dios, y entienda para qué es realmente. No comience a disfrutar algo que Dios ha provisto sin preguntar: "Dios, ¿para qué es esto?". Hay una provisión y es para la visión. La provisión viene para la visión. Usted tiene un potencial increíble para experimentar un futuro fascinante. En realidad tiene más talento y más habilidades de los que podría usar si viviera cientos de vidas.

LA PROVISIÓN VIENE PARA LA VISIÓN.

¿Sabía que su cerebro contiene cerca de 100 mil millones de neuronas, cada una conectada por lo menos con 20.000 células en una compleja red? Esto significa que todas las combinaciones posibles de pensamientos e ideas que podría generar serían iguales al número uno seguido de ocho páginas de ceros. Eso es un número mayor que todas las moléculas en el universo conocido. Ese es el potencial de sus posibilidades. ¡Son asombrosas las habilidades y capacidades que Dios ha puesto en nosotros! ¡Espero que quede impresionado, a medida que comienza a pensar en lo que usted realmente es! ¡Hay un potencial enorme e increíble dentro de usted! Así que pregúntese: ¿Qué puedo hacer de ahora en adelante? ¿Qué puedo hacer? Las respuestas están limitadas solamente por su visión y su imaginación.

CAMBIE SU TRAYECTORIA Y RECUERDE:

Los diez principios para cambiar su trayectoria:

1. **Busque al Señor.** No haga nada sin consultarle.
2. **Parar viene antes de comenzar.** Deje de forzar su voluntad y su camino para que Dios pueda llevarlo a algo superior.
3. **Sea brutalmente honesto.** Admita que lo que está haciendo no lo está llevando a donde usted quiere. ¡Y abandónelo!
4. **Sáquele provecho a sus frustraciones.** Se convertirán en una buena señal de que Dios está listo para encaminarle a otra trayectoria.
5. **Enfóquese en *qué,* no en *quién.*** Nunca permita que solucionar el problema sea más importante que mantener la relación.
6. **Cuéntele a otros sus planes.** Usted le da mayor vida a sus planes cuando se los cuenta a otros.
7. **Aumente su capacidad.** Dios no va a confiarle algo que no pueda administrar.
8. **Incorpore lo viejo a lo nuevo.** La esencia de la genialidad radica en sacar algo nuevo de lo viejo.
9. **Sea fiel a su propia historia.** Ser auténtico significa literalmente "ser su propio autor".
10. **Reconozca la provisión y el potencial divinos.** Usted tiene un potencial increíble para experimentar un futuro fascinante.

11

Cómo ser igual a la hormiguita

Proverbios, como usted sabe, es nuestro libro de sabiduría, del cual podemos nutrirnos a diario. En el capítulo 6, comenzando con el versículo 6, encontramos un pasaje familiar que sirve como base para cambiar nuestra trayectoria:

> *Mira la hormiga, perezoso, observa sus caminos y sé sabio: Ella, sin tener capitán, gobernador ni señor, prepara en el verano su comida, recoge en el tiempo de la siega su sustento. Perezoso, ¿hasta cuándo has de dormir? ¿Cuándo te levantarás del sueño? Un poco de sueño, dormitar otro poco, y otro poco descansar mano sobre mano: así te llegará la miseria como un vagabundo, la pobreza como un hombre armado.* (Proverbios 6:6–11)

Un mensaje al holgazán

Observe que en este pasaje, el sabio autor de Proverbios se dirige al *perezoso*. Un perezoso es una persona holgazana e *indolente*. Una de las definiciones de la palabra indolente es "que evita el dolor". ¿No es interesante que los holgazanes, normalmente, traten de evitar el dolor? Recuerde el pequeño refrán: "Sin dolor no hay ganancia".

Un perezoso es un tipo de holgazán que se la pasa navegando en Internet en la casa, mientras dice a los demás que está buscando un trabajo. En realidad, al comportarse de tal modo no se beneficia a sí mismo, ni a nadie; por eso en este pasaje se le hace un llamado: "¡Escucha, perezoso!". Siempre que estamos como ese holgazán, tratando de evitar el dolor, no nos damos cuenta de que al evitarlo, nuestra vida irá en un declive constante. Funciona así: hay una gran cantidad de personas que nunca van a cambiar hasta que el dolor por no cambiar se vuelve demasiado grande. Cambiamos solo cuando el dolor de permanecer igual es mayor que el dolor de cambiar.

CAMBIAMOS SOLO CUANDO EL DOLOR DE PERMANECER IGUAL ES MAYOR QUE EL DOLOR DE CAMBIAR.

Observe la pregunta en el pasaje: "*¿Hasta cuándo has de dormir? ¿Cuándo te levantarás del sueño?*". Quiero darle algunas estrategias para combatir la pereza. Cuando sea la hora de levantarse por la mañana porque la alarma del reloj ya sonó, o se despierta y sabe que ya es hora de levantarse, no se quede ahí sentado. No se ponga a negociar si es posible quedarse en la cama. Levántese, porque si se queda ahí se pondrá a conversar con su mente y ella le dirá: "Vuelve a dormir un par de minutos más, estás cansado. Solo ponte cómodo. Un par de ronquidos más te harán bien".

Yo no le doy a mi mente la oportunidad de tener esa conversación por la mañana. Cuando me despierto, estoy listo para empezar el día. En seguida salgo de la cama, ¡ni siquiera le doy a mi mente la oportunidad de ponerse a buscar pequeñas excusas! Simplemente levántese, salga de la cama y apague esas facultades mentales que intentan decirle: "Hoy no tienes ganas de hacer nada. Tienes sueño. ¿Por qué no oprimes el botón de la alarma y sigues durmiendo?".

Quizás usted no se considere en absoluto una persona perezosa o una persona que siempre está tratando de evitar el dolor. Pero el hecho es que todos tenemos áreas en nuestras vidas donde podríamos hacer avances trascendentales en nuestro cambio de trayectoria, si les aplicamos un poco más de energía, diligencia y autodisciplina. Cada uno de nosotros tiene esas áreas a las que vendría muy bien unas mejoras. ¿Cuáles son las suyas?

Observe y aprenda

Para ayudarnos a salir de nuestra negligencia, Proverbios 6 nos instruye diciendo que debemos *"ir"* y *"considerar"* a fin de *"ser sabios"*.

Aquí se nos guía específicamente a observar a la hormiga, mientras que las principales lecciones que se derivan de la observación se presentan en el resto del pasaje. Pero este ejemplo de ser observadores de la creación que nos rodea tiene una aplicación más amplia. Aplica especialmente a observar a las *demás personas*. Observe a los demás, examine a los demás, aprenda de los demás, y descubra una sabiduría valiosa para cambiar su trayectoria. Observe, considere, aprenda y sea sabio.

Algunas personas parecen estar orgullosas de tratar de descubrir todo por sí mismos. Pero no tenga miedo de aprender y consultar a los demás: de eso trata el mentoreo. Es obtener sabiduría sin tener que experimentar las heridas auto infligidas, producto de su propio ensayo y error. O sea, que si ve a alguien todo magullado, ¡descubra por qué se hirió de esa manera y evite pasar por la misma situación! En realidad no tiene que aprender a las malas, cometiendo cada error usted mismo.

Si, por ejemplo, está tratando de levantar un negocio, acuda a personas que hayan tenido éxito en un negocio similar y consulte con ellos. Pregúnteles acerca de sus mayores retos y obstáculos, sus mayores recompensas, sus éxitos y las lecciones más importantes que han aprendido. Observe, aprenda y sea sabio.

Avance hacia la sabiduría

¿Qué deberían significar para nosotros las palabras "sé sabio"?

La sabiduría es el *conocimiento aplicado*; significa conocimiento puesto en *acción*. Hay muchísimas personas educadas que nunca aplican lo que aprenden. Yo conozco a algunas personas altamente educadas, que tienen más grados que un termómetro, y sin embargo, no saben cómo sacar el agua de una bota. Ni siquiera tienen el sentido común para protegerse de la lluvia. Ellas tienen conocimiento, pero no es *conocimiento aplicado*.

La verdadera sabiduría sabe qué hacer, cuándo hacerlo, cómo hacerlo; y entonces se pone en acción y ejecuta. Eso es sabiduría. ¿De qué sirve saber hacer las cosas de la manera correcta, pero nunca hacerlas bien? Usted puede saber algo, por ejemplo, acerca de cómo cuidar su salud. Pero si no toma en cuenta esas cosas hasta que su cuerpo sufre una anomalía y su doctor tiene que darle una noticia terrible, entonces ¿de qué le sirvió tener conocimiento al respecto? No, la sabiduría mira hacia adelante y actúa correctamente *hoy* para tener un mejor resultado *mañana*.

LA SABIDURÍA MIRA HACIA ADELANTE
Y ACTÚA CORRECTAMENTE HOY.

En realidad puede tener miedo a actuar por algunas razones. Es fácil tener miedo ante el riesgo y la incertidumbre. Pero tenga en cuenta estas sabias palabras de Martin Lloyd Jones: "Los hombres que tratan de hacer algo y fracasan, son infinitamente mejores que los que tratan de no hacer nada y tienen éxito". Y les recuerdo algo que dijo Benjamin Disraeli: "La acción no siempre trae felicidad, pero no hay felicidad sin acción". ¡Absolutamente ninguna!

Tome la Iniciativa

Al observar a la hormiga, el observador agudo reconoce que esta criatura está sabiamente ocupada y es productiva sin necesidad de que se le diga lo que tiene que hacer. Lo hace *"sin tener capitán, gobernador ni señor"* (Proverbios 6:7). Aquí hay una enseñanza clave para nosotros: tome la iniciativa. No espere a que alguien venga, le tome de la mano, le diga qué hacer y cuándo empezar. Los verdaderos líderes no esperan a que se les diga qué hacer. No esperan a que alguien los ascienda a un puesto más alto para empezar a elevar su nivel de trabajo.

Si está en el trabajo, y ve algo que hay que hacer, dé un paso al frente y hágalo. Si es importante que otros lo sepan, escríbalo en un informe y envíelo a la administración; hágalos conscientes de lo que ha hecho sin que nadie se lo dijera, a fin de satisfacer una verdadera necesidad.

LOS VERDADEROS LÍDERES NO ESPERAN A QUE SE LES DIGA QUÉ HACER. NO ESPERAN A QUE ALGUIEN LOS ASCIENDA A UN PUESTO MÁS ALTO PARA EMPEZAR A ELEVAR SU NIVEL DE TRABAJO.

En el negocio de mi papá, cuando se esperaba que un posible nuevo empleado viniera para la entrevista, mi papá esparcía alguna basura en el jardín delantero. Al aproximarse la hora de la cita, miraba por la ventana y observaba a la persona que se acercaba a la oficina para ser entrevistada. La mayoría de los candidatos veían la basura en el césped, pero seguían caminando. Parecían inteligentes y hablaban bien de sí mismos en la entrevista, ¡pero no obtenían el trabajo! Recuerdo que la persona que lo obtuvo fue una señora que se detuvo y recogió la basura. Ella *actuó* como si trabajara allí desde antes. Ella asumió la responsabilidad, tomó la iniciativa. Mi papá sabía que la persona que se parara a recoger la basura sería excepcional y, ciertamente, como empleada resultó serlo.

Prepárese para su próxima temporada

Vamos ahora a la parte fundamental de la lección que podemos aprender de la hormiga. Esta criatura *"prepara en el verano su comida, recoge en el tiempo de la siega su sustento*" (Proverbios 6:8). Ella mira hacia adelante, ve el futuro y se prepara. La hormiga no se relaja ni en el verano ni en el tiempo de la cosecha; ella piensa en el invierno y se prepara para él.

Aquí, en esta escena, es donde la sabiduría se ve en acción con más fuerza. Dios está diciendo: "Mientras te encuentras en esta temporada particular de la vida, quiero que te prepares para la próxima temporada que se te acerca". *Eso es sabiduría.*

No piense que la temporada en la que está ahora va a durar para siempre, porque no será así. Dios nos está recordando que las temporadas de nuestra vida van a cambiar. *Eso es sabiduría.*

Él nos está recordando que almacenemos reservas de nuestros tiempos de abundancia para tenerlas disponibles para los tiempos de escasez. *Eso es sabiduría.*

ALMACENEMOS RESERVAS DE NUESTROS TIEMPOS DE ABUNDANCIA PARA TENERLAS DISPONIBLES PARA LOS TIEMPOS DE ESCASEZ. ESO ES SABIDURÍA.

En su temporada actual, tiene que empezar a trabajar para la temporada que está más allá del horizonte. Ahí es donde la mayoría de la gente comete un grave error. Cuando están viviendo en los buenos tiempos, invitan a todos sus amigos, y dicen: "¡Los tragos van por mi cuenta!". Ellos terminan gastando todo su dinero en una vida de lujos, en lugar de usar lo que Dios les ha dado y crear un excedente para más adelante.

Así que anticípese a lo que va a pasar. Empiece a hacer algo ahora en su temporada actual que le prepare para los días inciertos del futuro. Y entonces, cuando usted vea que su temporada está cambiando, *cambie con ella.* Cambie lo que usted es y lo que está haciendo.

Ajuste y modifique para que no se vuelva obsoleto e incompatible para las temporadas de la vida en las que está entrando.

Saque el máximo partido de cada temporada

Hay ciertas cosas que usted tiene que hacer mientras puede, cuando está en la temporada correcta para ello. Esto es cierto en las diferentes etapas de nuestra vida familiar, de nuestra carrera y en cualquier trabajo particular, y es cierto en cualquier esfuerzo en el que se involucre. Siempre hay temporadas por las que atravesamos; tiempos apropiados para acciones apropiadas. Si seguimos el patrón adecuadamente, entonces producimos fruto en nuestra temporada. Usted solo cosecha si se prepara para eso. Pero si hace caso omiso de estas cosas y consume lo que debería preservar para la próxima temporada como provisión para el futuro, está en malas condiciones.

No se limite a sentarse y disfrutar la temporada que está viviendo. Utilice su temporada actual para prepararse para la siguiente. Su situación ahora no tiene que ver realmente con el presente, sino con lo que vendrá más *adelante*. Dios ve todas nuestras necesidades futuras mucho antes de que las tengamos y las suple por adelantado. A eso se le llama *provisión*, el hecho o la condición de estar preparado de antemano.

UTILICE SU TEMPORADA ACTUAL PARA PREPARARSE PARA LA SIGUIENTE.

Imagínese que va a un distribuidor de autos en el verano y le muestran un automóvil con la calefacción defectuosa. El vendedor le menciona el defecto, pero hace mucho calor afuera, así que usted piensa: "¿quién necesita la calefacción?". Entonces, cuando llega el invierno, como siempre pasa, ¿se sorprenderá porque se congela cada vez que conduce al trabajo o al supermercado? Eso sería estúpido. Pero, por desgracia, eso es lo que hacemos en varios ámbitos de la vida. Hay muchas personas que estarían en serios problemas si dejaran de recibir su salario solo por un mes. No están preparadas.

Fe y sabiduría

Las cosas pueden estar buenas para usted ahora, pero no siempre van a estar así. Por eso Dios aconseja: "Prepárate en los buenos tiempos para los malos tiempos". Esta fue la sabiduría que Él dio a José en el Antiguo Testamento. En Egipto Dios le mostró que siete años de prosperidad y cosecha abundante iban a ser seguidos por siete años de vacas flacas. Y como José era *"un hombre prudente y sabio"* y en quien estaba *"el espíritu de Dios"* (Génesis 41:33, 38), llevó a cabo y supervisó un amplio programa de almacenaje de reservas de los cultivos, lo que permitió a la nación y a sus vecinos sobrevivir a una hambruna larga y severa. *Eso es sabiduría.*

Así que no entiendo cómo algunas personas pueden decir que prepararse para tiempos turbulentos en el futuro es algo que, en cierta medida, va en contra de la fe. En realidad, la fe y la sabiduría van de la mano.

Cada vez que se enfrente a transiciones y cambios, usted debe emplear la sabiduría. Ofrézcale un empleo a la sabiduría en su vida, el empleo que Dios quería para ella. En Proverbios 4:7, Dios dice lo siguiente: *"Sabiduría ante todo, ¡adquiere sabiduría!"*. Note que este versículo no dice que la *fe* y el *dinero* son lo principal. Esta es la explicación: si tiene sabiduría, ella le permitirá saber lo que realmente significa tener fe en Dios. La sabiduría le posibilitará saber cómo y cuándo hacer dinero, cómo ahorrarlo y utilizarlo. Recuerde, la fe no es un sustituto de la sabiduría. Dios le dará la sabiduría para que pueda saber cómo vivir por fe.

Proverbios también afirma acerca de la insensatez y la sabiduría: *"El ingenuo todo lo cree; el prudente mide bien sus pasos. El sabio teme y se aparta del mal; el insensato es insolente y confiado"* (Proverbios 14:15–16). ¿No es eso increíble? Nuestra fe en Dios y en Su Palabra nos debe llevar a aprender y a aferrarnos con fuerza a estos principios de la sabiduría.

LA FE NO ES UN SUSTITUTO DE LA SABIDURÍA.

Fuerzas para una nueva temporada

Recuerde la escena en 1 Reyes 19, después que el profeta Elías había visto la victoria y el juicio de Dios en el monte Carmelo contra los profetas de Baal. Inmediatamente después, él se encontraba huyendo de la malvada reina Jezabel, pues temía por su vida. Después de un día de camino por el desierto, se dejó caer debajo de un árbol de enebro, exhausto y listo para morir.

Luego leemos acerca del cuidado que Dios le brinda por Su gracia:

> *...pero un ángel lo tocó, y le dijo: "Levántate y come". Miró y vio a su cabecera una torta cocida sobre las ascuas y una vasija de agua; comió, bebió y volvió a dormirse.* (1 Reyes 19:5–6)

Otra provisión especial viene a continuación:

> *Regresó el ángel de Jehová por segunda vez, lo tocó y le dijo: "Levántate y come, porque largo camino te resta". Se levantó, pues, comió y bebió. Fortalecido con aquella comida anduvo cuarenta días y cuarenta noches hasta Horeb, el monte de Dios.*
> (Versículos 7–8)

La primera vez que el ángel alimentó a Elías fue para restaurarlo para la temporada en la que se encontraba. Pero la segunda vez que esto sucedió, fue para la temporada que vendría. El ángel de Dios le estaba diciendo: "Tienes que comer más ahora por causa *del lugar a donde vas.* Aliméntate para la próxima temporada de tu vida". Gracias a esta reposición de fuerzas, Elías fue capaz de continuar su viaje por cuarenta días. De la misma manera, Dios nos dará fuerzas para las temporadas futuras.

¡Levántese de su sueño y prepárese!

Volvamos una vez más a la pequeña hormiga en Proverbios 6. Fíjese de nuevo en las palabras finales de esta lección de vida que recibimos aquí:

> *Perezoso, ¿hasta cuándo has de dormir? ¿Cuándo te levantarás del sueño? Un poco de sueño, dormitar otro poco, y otro poco descansar mano sobre mano: así te llegará la miseria como un vagabundo, la pobreza como un hombre armado.*
>
> (Proverbios 6:9–11)

He aquí el mensaje para nosotros: *¡Despierta y mantente alerta!*

Cuando lea la Biblia, no la lea solamente como un libro de historia. Manténgase preguntando: "Señor, ¿qué me estás diciendo Tú a través de esta Palabra?". ¡Esté despierto y alerta!

De la hormiga en Proverbios 6 podríamos resumir la lección que hemos aprendido con estas palabras: *¡Esté alerta... y prepárese!* Deje que su preparación se extienda a toda su vida. Recuerde que en la medida que cambian las cosas a su alrededor, tiene que estar preparado en muchos niveles diferentes. Permítame recordarle rápidamente solo algunos de ellos:

En primer lugar, *preparación personal.* Esto incluye entender el impacto de nuestro carácter, temperamento y personalidad para nuestra efectividad futura, especialmente en cuanto a cómo influimos en los demás. Recuerde: el liderazgo no consiste realmente en guiar *a otros;* consiste en guiarse a *sí mismo,* de tal manera que inspire a otros a seguirle. *Prepárese usted primero.*

En segundo lugar, *preparación profesional.* Esto implica mantenerse al día en su área de competencia. Si va a hacer algo, hágalo bien. Y si se está preparando para iniciar un negocio, recuerde que necesita *competencia, contenido y capital.* Todo eso es parte de su preparación profesional.

EL LIDERAZGO NO CONSISTE EN GUIAR A OTROS. CONSISTE EN GUIARSE A SÍ MISMO, DE TAL MANERA QUE INSPIRE A OTROS A SEGUIRLE.

En tercer lugar, *preparación relacional*. Esto incluye ser consciente de su "química" con los demás y su capacidad para llevarse bien con todo tipo de personas. Si Dios va a bendecirle y a llevarle a un nivel más alto, tiene que ser capaz de trabajar con personas que no piensan como piensa usted, y que no lucen como luce usted. Tiene que ser capaz de llevarse bien con todo tipo de personas, porque Dios muy a menudo le proporcionará algo que usted necesita a través de alguien que a usted no le gusta. En su preparación relacional, aprenda a eliminar y a superar los obstáculos que le impedirán conocer y beneficiarse de otros.

En cuarto lugar, *preparación familiar*. Asegúrese de que las personas que más ama estén listas para lo que enfrentarán en conexión con su nueva trayectoria, porque cuando su vida cambia, toda su familia tiene que adaptarse de alguna manera a lo que está pasando en su vida. Por ejemplo, el siguiente paso en su carrera podría implicar mudarse a otra ciudad. Para sus hijos, eso significaría separarse de los amigos, la escuela y los maestros a quienes están acostumbrados. Así que prepare a su familia para lo que está sucediendo en su vida.

En quinto lugar, *preparación financiera*. Esto supone la organización de sus ingresos y gastos para el futuro. Recuerde que cuando gasta dinero y se endeuda para hacerlo, le está robando a su futuro para mejorar su presente. Pero cada vez que invierte, está pidiéndole prestado a su presente para mejorar su futuro. Tiene que estar preparado financieramente.

Y, por último, preparación académica. Esto pudiera incluir recibir clases, obtener un título, leer, unirse a asociaciones profesionales y asistir a seminarios. También incluye ir a la iglesia fielmente, lo que tiene que ver con la preparación y la capacitación mediante la Palabra de Dios para la vida, a fin de que podamos avanzar de nuevas maneras. A través de estos pasos preparatorios, se va a expandir en su fe, en su pensamiento y en su perspectiva para una comprensión más completa de la nueva trayectoria que Dios está trayendo a su vida.

CAMBIE SU TRAYECTORIA Y RECUERDE:

Cómo mejorarse para avanzar en su nueva trayectoria

- **Observe a los demás, considere, aprenda y sea sabio.**
- **Avance hacia la sabiduría.** La sabiduría le posibilitará saber cómo y cuándo hacer dinero, cómo ahorrarlo y utilizarlo. La fe no es un sustituto de la sabiduría. Dios le dará la sabiduría para que pueda saber cómo vivir por fe.
- **Tome la iniciativa.** Los verdaderos líderes no esperan que se les dé un título más alto para comenzar a trabajar en un nivel más alto.
- **Prepárese para su próxima etapa.** Utilice su temporada actual para prepararse para la siguiente.
- **Saque el máximo partido de cada temporada.** No se limite a sentarse y disfrutar la temporada que está viviendo.
- **Esté alerta y prepárese en las siguientes áreas: personal, profesional relacional y familiar.** En la medida que cambian las cosas a su alrededor, usted tiene que estar preparado en muchos niveles diferentes.

12

Cómo convertir el estrés en algo positivo

Sé que ha escuchado decir: "No te preocupes por las nimiedades", pero el cambio no es una nimiedad. Se supone que tenemos que sudar un poco por el cambio. Cuando un cuerpo normal se mueve del reposo a la actividad, suda porque la sudoración forma parte natural del proceso de ayudar al cuerpo a deshacerse de toxinas. Las impurezas salen de su sistema cuando suda. Entonces, ¿por qué no le gustaría sudar, especialmente cuando suceden cosas grandes? Usted quiere que su organismo perciba cuando las cosas están cambiando; lo que no quiere es que los cambios empiecen a dominar su cuerpo a través del doloroso control del estrés.

Cada cambio de vida genera estrés, sea por la pérdida de un trabajo y la búsqueda de otro, por el divorcio y el reajuste a la soltería nuevamente, o por cualquier otro motivo. Un cambio importante empuja su vida hacia una transición. Pero recuerde, cambio y transición no son lo mismo. Cambio es el evento de algo que sucedió, mientras la transición es el procesamiento psicológico, emocional, financiero, relacional y espiritual del cambio. Es durante la transición que experimentamos los más altos niveles de estrés. Nuestra mayor ansiedad no se produce por pensar en el futuro, sino por tratar de controlarlo. Tiene que enfrentar el hecho de que no puede controlar todo lo que sucede en su futuro. Nadie puede. Así que haga lo mejor que pueda y ¡confíe en Dios para todo lo demás! Nunca abandone algo que tenga potencial a largo plazo, solo porque no puede manejar la tensión del momento.

NUESTRA MAYOR ANSIEDAD NO SE PRODUCE POR PENSAR EN EL FUTURO, SINO POR TRATAR DE CONTROLARLO.

Nos encontramos con el estrés de una transición cuando el ritmo del cambio es demasiado rápido o la gran cantidad de cambios es demasiado abrumadora y hay mucho que aprender muy rápidamente. Decimos: "¡Nunca entenderé esto! ¡Es demasiado!". Todos somos criaturas de hábitos, hasta cierto punto, y nos estresamos cuando nuestras rutinas se desorganizan. Por supuesto, el estrés también puede aparecer por un cambio demasiado pequeño. Si está en una situación en la que algo necesita cambiar, y sin embargo nada cambia, puede ser que se estrese y se oiga decir: "Estoy cansado de tratar con el mismo problema de siempre".

Cuando un estudiante de primaria pasa a la enseñanza secundaria, se estresa al tratar de adaptarse a un nuevo ambiente. El mismo tipo de estrés se experimenta cuando el estudiante hace la transición a la escuela secundaria, y de nuevo cuando se gradúa y matricula en la universidad. Nunca voy a olvidar el estrés que sentí en el último año de la secundaria. Una miríada de preguntas bombardeaba mi mente. Me preguntaba:

- ¿Serán lo suficientemente altos mis resultados del examen de ingreso como para ganar una beca?
- ¿A cuál universidad debo ir?
- ¿Debo quedarme en casa o irme fuera de la ciudad?
- ¿Cuál debe ser mi área de especialización?

- ¿Será mucho más difícil el trabajo de la universidad que el del preuniversitario?
- ¿Podré manejar con éxito mi nuevo nivel de independencia y responsabilidad personal?
- ¿Será fácil hacer nuevos amigos?

Y la lista seguía.

Durante el parto, una mujer embarazada entra en la etapa final del parto activo, llamada "transición" o "trabajo de transición". Como parte del trabajo de parto y el alumbramiento, la transición es la fase más difícil del parto para la mayoría de las mujeres porque es la más intensamente dolorosa. Pero hay algunas buenas noticias acerca de la transición: ¡es la fase más corta del proceso de dar a luz! La madre, generalmente, experimenta su mayor estrés durante este periodo. A medida que el dolor de las contracciones se intensifica, ella tiene una tendencia natural a poner tenso su cuerpo como respuesta.

Del mismo modo, a medida que su trayectoria cambia, experimentará un estrés que puede ponerlo tenso y en pánico. Pero un día me di cuenta de que el estrés es algo normal en la vida, de la misma forma que lo son los problemas. Descubrí que yo no tenía que permitir que el estrés me paralizara. Aprendí a sentir el estrés y a continuar moviéndome con la perspectiva correcta. Comprendí que los problemas son situaciones que se pueden resolver, y un hecho de la vida es aquello que se debe aceptar. La clave es no interpretar un problema como un hecho de la vida.

Estrés perjudicial vs. estrés bueno

La Asociación Americana de Psicología informa que aproximadamente siete de cada diez estadounidenses experimentan síntomas físicos o no físicos del estrés.[5] ¡Esas son muchísimas personas! Hay grandes posibilidades de que usted está estresado en este momento, lo cual puede dar lugar a noches de desvelo y a días de irritación.

5. Ver "Impact of Stress" [Impacto del Estrés], American Psychological Association (Asociación Americana de Psicología), www.apa.org/news/press/releases/stress/2012/impact.aspx (revisado el 22 de abril de 2013).

El estrés puede provocar que algunas personas se sientan cansadas, tristes, e incluso paralizadas para seguir adelante. El estrés puede resultar en malos hábitos alimentarios y envejecimiento prematuro. El estrés puede incluso matar. Por tanto, la transición es un tiempo para tomar precauciones especiales en el cuidado de sí mismo, porque si no sabe cómo canalizar de manera efectiva la energía del estrés, este puede abrumarlo. El estrés perjudicial puede hacerle imaginar lo peor y generarle un ataque de pánico.

LA CLAVE ES NO INTERPRETAR UN PROBLEMA COMO UN HECHO DE LA VIDA.

Sin embargo, no todo estrés es perjudicial. El estrés bueno puede sacar lo mejor de usted. El estrés bueno saca lo mejor de usted, pero no lo abruma. ¡Algunas personas hacen su mejor trabajo bajo la presión de última hora! El estrés bueno le lleva a buscar respuestas, le conecta con los demás y le motiva a utilizar sus recursos con eficacia. Incluso le ayuda a maximizar el momento y a enfocarse de manera que pueda aplicar sus habilidades de forma creativa.

Yo encuentro que las personas son más receptivas a Dios cuando están bajo el estrés de la transición. Buscan a Dios porque necesitan ayuda. Eso es bueno, porque cada vez que usted está en una temporada de transición y cambio necesita la guía divina y la sabiduría de Dios.

¿Qué causa el estrés?

¿Se ha detenido alguna vez a pensar en lo que realmente le provoca estrés? ¡Una de las mayores causas internas del estrés es *no vivir sincronizado con quien usted es!* Cuando lo que siente en su interior no coincide con lo que experimenta en su exterior, el resultado es, a menudo, estrés y frustración. Conocerse a sí mismo le libera de vivir de forma contradictoria y le permite vivir según sus valores. Además, fortalece su determinación de resistir la presión de ajustarse a las expectativas de los demás.

Otra gran causa de estrés, en especial para la gente agradable, amistosa e inclinada a la cooperación, es decir *"Sí" cuando deberían decir "No".* Cuando piensa en eso, la razón básica de que una persona tenga dificultad para decir "No" es generalmente porque no está sincronizada con ella misma. Comprender quién es usted le trae claridad acerca de lo que debe hacer. Saber quién es incluye entender cuál es la misión de su vida. Una clave poderosa para mantener nuestra paz interior es vivir de acuerdo a nuestras convicciones internas, como le mencioné en el capítulo 9.

UNA CLAVE PODEROSA PARA MANTENER NUESTRA PAZ INTERIOR ES VIVIR DE ACUERDO A NUESTRAS CONVICCIONES INTERNAS.

Una tercera causa de estrés es *tratar de controlar las cosas que no puede controlar.* En teoría, solamente puede controlar aquello que usted mismo hace. No puede controlar a las otras personas ni las decisiones caprichosas que ellas toman. No puede manejar muchas de las circunstancias externas. Yo desearía controlar el tráfico, el clima, las opiniones y las acciones negativas de las personas. Me libera darme cuenta de que no puedo controlar a las personas y a menudo, las circunstancias que provocan. Solo puedo controlar mi actitud y mi respuesta a lo que me pasa. Ahora bien, aunque no puedo controlar a las personas, estoy agradecido de que a menudo puedo influir en cómo piensan y se comportan.

Una cuarta causa de estrés es *tener personas irresponsables y no comprometidas como miembros de su equipo.* Es injusto que, aunque una familia sea grande, el mayor peso de la responsabilidad casi siempre recaiga en los hombros de una persona. Si está trabajando en un proyecto en la escuela o en el trabajo y se está esforzando para que salga lo mejor que pueda, ¡inevitablemente descubrirá a algunos haraganes cuya contribución es mínima en el mejor de los casos! Este puede ser un tema muy delicado y una causa de estrés. Aunque esto es frustrante para mí, simplemente me acuerdo del refrán "A quien se le da mucho, mucho se le pide".

Aliviar el estrés

Tal vez uno de los más grandes alivios contra el estrés es desarrollar personas competentes y confiables a su alrededor. Antes de intentar establecer un negocio, una escuela o un ministerio, seleccione cuidadosamente y en oración al equipo que le ayudará. La mayor fuente de estrés es tener al personal equivocado en el equipo. La mayor fuente de alivio contra el estrés es contar con el personal adecuado.

Mientras avanza a través de la transición como parte de cambiar su trayectoria en la vida, dedique algún tiempo de calidad a reflexionar, evaluar y hacer ajustes. Pregúntese: "¿Cuáles son mis mayores causas de estrés?". Luego haga una lista de ellas. Para activar su pensamiento, aquí están algunas de las más comunes:

- Dinero
- Problemas con las relaciones
- Expectativas poco realistas de los demás
- Problemas de salud
- Plazos para las tareas

Ahora quiero que piense en algunas formas saludables para disipar su estrés. Las cosas que contrarrestan el estrés son *sencillas*; ¡pero no todo lo que es *sencillo es fácil*! Aquí tenemos algunas sugerencias:

1. **Dependa de su relación con Dios.** Esté en comunión con Él. Ore cada día. Lea su Biblia. Medite.
2. **Desarrolle tantas rutinas en su vida como le sea posible.** Mientras menos cosas tenga en qué pensar, menos se estresa

con ellas. Las rutinas al principio son monótonas, pero luego se vuelven un deleite.

3. **Comience lo que hace, con mucha anticipación.** La disciplina es darle más valor a lo que usted más desea lograr que a lo que desea ahora mismo. Ser disciplinado consiste en retrasar la gratificación personal.
4. **Anticipe las cosas negativas que pudieran suceder y piense en las alternativas para enfrentarlas.** Sea proactivo. Los psicólogos han descubierto que las personas que sueñan con eventos negativos (por ejemplo, ser despedido del trabajo) en realidad responden mejor ante ellos cuando se vuelven reales, que quienes nunca los previeron.
5. **Únase a un grupo de apoyo.** Asociarse con personas que tienen una situación similar a la suya puede ayudarle a encontrar fuerzas. Es muy valioso tener a alguien que pueda conectarse con lo que usted siente. Tener a alguien con quien hablar es un regalo. La compañía de un individuo que le escuche es un tesoro. Encontrará comprensión y apoyo integrándose a la sociedad y no aislándose de ella.
6. **Encuentre maneras saludables para desestresarse.** ¿Qué cosas lo relajan? Aquí están algunas ideas sencillas que le pueden resultar útiles:
    - Un paseo por el parque/contacto con la naturaleza
    - Poseer y cuidar una mascota
    - Ejercitarse en el gimnasio/ejercicios
    - Tener relaciones sexuales (en el contexto del matrimonio)
    - Tomar un baño tibio
    - Escuchar música relajante
    - Recibir un masaje/aromaterapia
    - Leer
    - Llevar un diario
    - Tomar vacaciones
    - Practicar deportes

- Jugar y divertirse con sus hijos

Piense más acerca de las diversas maneras en que personalmente se relaja mejor. Y recuerde: la vida es una colección de momentos. ¡Aprenda a regocijarse en la trayectoria!

CAMBIE SU TRAYECTORIA Y RECUERDE:

1. **No todo el estrés es perjudicial.** El estrés bueno saca lo mejor de usted. Le lleva a buscar respuestas, le conecta con los demás y le motiva a utilizar sus recursos con eficacia. Incluso le ayuda a maximizar el momento y a enfocarse, de manera que pueda aplicar sus habilidades de forma creativa.
2. Nunca abandone algo que tenga potencial a largo plazo, solo porque no puede manejar la tensión del momento.
3. **Posibles causas del estrés:**
   - No vivir sincronizado con quien usted es.
   - Decir "Sí" cuando debería decir "No".
   - Tratar de controlar las cosas que no puede controlar.
   - Tener personas irresponsables y no comprometidas como miembros de su equipo.
4. **Cómo contrarrestar el estrés:**
   - Dependa de su relación con Dios.
   - Desarrolle tantas rutinas en su vida como le sea posible.
   - Comience lo que hace, con mucha anticipación.
   - Anticipe las cosas negativas que pudieran suceder y piense en las alternativas para enfrentarlas.
   - Únase a un grupo de apoyo.
   - Encuentre maneras saludables para desestresarse.

13

Cómo lidiar con el fracaso

Ya usted se lo esperaba. Ha estado leyendo toda mi visión sobre cómo tener éxito, y seguramente está pensando: "Bien, pero, ¿y si fracaso?" Permítame ofrecerle dos verdades grandes y a la vez sencillas acerca del fracaso.

En primer lugar, *los fracasos son normales e inevitables*. Muéstreme a una persona que nunca falla, y le mostraré a una persona que nunca ha hecho nada. El fracaso es algo normal de la vida.

En segundo lugar, el fracaso es la cuna del éxito. Todo verdadero éxito nace del fracaso.

EL FRACASO ES LA CUNA DEL ÉXITO.

Permítame reiterar el segundo punto: *El fracaso siempre precede al éxito*. Casi nunca que una persona intenta hacer algo por primera vez, inmediatamente lo hace mejor de lo que lo hará en un futuro. Recuerde: lo único que usted comienza a hacer desde el tope es un agujero. Pero nunca comienza a *construir* algo desde el tope. Nunca será tan bueno haciendo algo al principio, como lo será cuando lleve un tiempo haciéndolo. No importa cuánto talento natural posea, el talento natural siempre se desarrollará a un nivel superior mediante la práctica.

El miedo al fracaso es una de las cosas que más impide a las personas perseguir sus sueños. Sin embargo, dado que los fracasos no solo son inevitables, sino también buenos y necesarios para nuestro éxito constante, no hay una razón en particular para temerles tanto. El mundo nos perdona cuando cometemos errores, pero se olvida de los que no hicieron nada. Henry Link dice: "Mientras que una persona vacila porque se siente inferior, otra está ocupada cometiendo errores y haciéndose superior".[6]

En este capítulo quiero analizar rápidamente algunas de las razones que hacen fracasar a las personas. Pensar en ellas podría ayudarle a no cometer estos errores, o por lo menos a reconocer más rápidamente y claramente que ya los ha cometido. Por lo general, cuando experimentamos el fracaso, una parte del propósito de Dios detrás de esa situación es ayudarnos a aprender algunas lecciones específicas, y darnos cierta perspectiva en una o más de estas áreas.

Metas poco realistas

Las personas a menudo fracasan porque tiene metas poco realistas. Tal vez ha decidido que puede perder setenta libras en dos semanas. Discúlpeme, pero eso no es realista. No es que no tenga sus méritos: es que resulta inalcanzable en el sentido práctico.

Es posible que vea un anuncio que indique que puede unirse a algún programa de ventas y empezar a ganar 20.000 dólares al mes, igual que fulano hizo. Entonces se ve a sí mismo integrándose al programa y trazándose como meta alcanzar la misma cifra en el primer mes, o en el segundo a más tardar. Lo que el anuncio no le dice es que en realidad a fulano le costó años llegar a ese nivel, o que cuando él comenzó tenía cientos de contactos para que le ayudaran, mientras que usted solo conoce a seis personas. Usted se ha propuesto una meta poco realista.

Las metas son una fecha límite para sus sueños, y una gran herramienta para la productividad. Pero sus metas deben ser alcanzables,

6. Henry C. Link, como se cita en Quote Unquote [Citas sin citar] de M.P. Singh, (Nueva Delhi: Lotus Press, 2006), 211.

porque si no, se vuelven contraproducentes. Muchísimas personas quieren volar antes de aprender a gatear.

LAS METAS SON UNA FECHA LÍMITE PARA SUS SUEÑOS.

Mal uso de los recursos

Otra razón para el fracaso es la malversación de sus recursos: usar su dinero, tiempo y otros recursos para cosas incorrectas o en el lugar incorrecto.

Si malgasta su tiempo o su dinero, de tal manera que estos recursos no están sirviendo en realidad a su visión y propósito, entonces los está utilizando indebidamente. Lo mismo puede decirse acerca de los servicios proporcionados por quienes le están ayudando; si ellos trabajan en el área equivocada, entonces es un recurso malversado.

Todos hemos malversado recursos, ¿no es verdad? Estoy seguro que le gustaría que le devolvieran todo el dinero que ha malgastado durante años en cosas sin importancia. Y lo mismo sucede con el tiempo perdido. ¿Qué hace cuando nadie lo ve? Lo que hace en las áreas que nadie ve ni gobierna indica cuán comprometido realmente está. Lo que hace en su tiempo libre, especialmente si es un hombre, es lo que lo construye o lo destruye. Si se pasa la mayor parte del tiempo jugando por dinero, entonces se enfrentará al fracaso en el futuro por malgastar su tiempo. Usted no se forma por lo que hace en el trabajo, sino por lo que hace cuando no está en el trabajo.

Condiciones y circunstancias cambiantes

Las condiciones y circunstancias cambiantes son otra razón para el fracaso. Algunas personas fracasan simplemente porque el mercado cambió, o porque las condiciones comerciales se deterioraron de pronto. A los individuos se les hace difícil pagar la renta debido a las turbulencias en el mercado de la vivienda y en el sector hipotecario. En el mundo de hoy, donde suceden infinidad de cambios a toda hora, esta es una razón frecuente para los fracasos de las personas.

Falta de habilidad y preparación

Las personas también fracasan por falta de habilidades. No tienen la experiencia suficiente para aquello que intentan hacer, y eso los predispone al fracaso. Usted puede tener grandes deseos y una meta emocionante. Pero necesita más que eso para lograr el éxito; también debe poseer cierta habilidad.

No puede solo aspirar a ser panadero; tiene que saber leer una receta y trabajar la masa. No puede solo soñar con ser bailarina; tiene que aprender balance y elegancia. No va a ser la primera figura en el equipo de fútbol, si no tiene la aptitud para ello. Usted puede ser una leyenda en su propia mente, pero eso no quiere decir que tenga éxito en el mundo real. No, es preciso tener habilidad. Incluso si no es el mejor del mundo, la práctica lo hará superarse. La práctica no hace la perfección, pero hace que las cosas sean mejores.

LA PRÁCTICA NO HACE LA PERFECCIÓN, PERO HACE QUE LAS COSAS SEAN MEJORES.

Hay una diferencia entre planificar algo y preparar algo. Puede planificar la cena, pero cuando se prepara para ella, tiene que buscar el pollo, ablandar los granos, majar las papas. Es un proceso. La preparación consiste en tener todos los ingredientes y los recursos necesarios. Si solo planifica, planifica y planifica, eso es como tomar una pistola y apuntar a lo loco, de aquí para allá. Si va a ejecutar un plan, ¡necesita aprender a apretar el gatillo! Si va a lograr algo, no puede planificar solamente. También tiene que prepararse. La mala preparación es, en esencia, la razón de todos los fracasos.

Información inadecuada o inexacta

Otra razón para el fracaso es la información inadecuada o inexacta. Quizás haya tomado una decisión, pero no tuvo información suficiente para tomar una *buena* decisión.

¿Alguna vez hizo una mala elección simplemente porque estaba mal informado o no tenía todo el conocimiento acerca del asunto? A veces las personas le toman el pelo y le impiden saber lo que usted necesita. Puede gastar demasiado dinero en algo por no conocer el valor real del producto, por no leer las letras pequeñas, o porque alguien estaba hablando muy rápido tratando de vendérselo.

EL PENSAMIENTO POSITIVO NOS PERMITE VER EL MÉRITO, LOS BENEFICIOS Y LAS VENTAJAS DE NUESTRAS IDEAS O PLANES.

Cuando esté reuniendo datos, es importante que sea equilibrado y utilice tanto el pensamiento positivo como el negativo. El pensamiento positivo nos permite ver el mérito, los beneficios y las ventajas de nuestras ideas o planes. El pensamiento positivo siempre mira lo que es bueno de la idea, y por qué tendrá éxito. El pensamiento negativo, por otro lado, permite ver los riesgos, peligros, errores, desventajas o dificultades de seguir una cierta línea de acción. El pensamiento negativo en realidad nos ayuda a corregir nuestras ideas, hacerlas realistas, y trazar mejores planes a largo plazo. Cuando visualizo algo que me estoy preparando para hacer, asumo el rol de abogado del diablo. Me pregunto: "¿Por qué pudiera fallar este plan?". Esta pregunta me envía a buscar más información y me obliga a reconstruir mi plan, de tal manera que sea hermético ante aquello que le impediría funcionar. De ese modo, usted se prepara para el éxito.

Suposiciones erróneas

Las personas también fracasan debido a suposiciones erróneas. Usted se imaginó que al abrir su negocio, las personas iban a entrar por multitudes para comprar lo que tenía a la venta porque sus productos son de calidad superior. Sin embargo, esta fue una suposición errónea.

Ahora, permítame aclarar lo que digo. Usted debe tener expectativas positivas. Cuando está preparado para entrar en el mundo de los negocios, o abrir una escuela, o crear una obra de arte, haga lo que haga, debe esperar que le vaya bien y que otros le reconozcan. Sin embargo, a veces hacemos suposiciones erróneas que objetivamente están mal fundamentadas. A menudo calculamos, *grosso modo*, cuánto tendremos que trabajar en algo, cuánto tiempo nos tomará y cuánto habrá que invertir, pero nuestro cálculo es inexacto. Teníamos un plan, pero los supuestos en que basamos nuestro plan simplemente no eran realistas.

No asuma que será capaz de hacer que algo funcione de inmediato. Es posible que tenga una gran idea, pero no deje su empleo para ir tras esa gran idea. No espere a que el mundo le pague a tiempo completo para hacer lo que quiere: hágalo simultáneamente a su trabajo. Mantenga su trabajo del día, y a la par haga lo que ama hasta que esto pueda sostenerle. Dele alas a sus ideas; trabaje en ellas voluntariamente aunque nadie esté dispuesto a darle un centavo para realizarlas.

DELE ALAS A SUS IDEAS.

Asuma que no le reportarán ganancias durante años. ¿Sabe? En mis primeros años de ministerio, no aceptaba ni un centavo por lo que estaba haciendo. Se lo devolvía todo al ministerio porque no estaba haciéndolo por dinero. Todavía lo hago de esta manera, y jamás pienso que el ministerio me llenará los bolsillos. Tiene que hacer las suposiciones correctas.

Cómo fracasar de manera positiva

Por último, quiero compartir algunas directrices útiles sobre cómo fracasar de manera positiva.

En primer lugar, *no reaccione de forma exagerada cuando fracase*. Llorar y abatirse por varios días le hace lucir débil e inseguro. Recuerde: todo el mundo falla, el fracaso es normal e inevitable. Recuerde también que usted aprende las lecciones más grandes de sus fracasos y no de sus éxitos. Tomó un camino y se encontró que el puente estaba roto, y esto le obligó a tomar un camino diferente y mejor. Confió en las personas, y ellas se aprovecharon de usted; entonces la próxima vez será más cuidadoso a la hora de confiar en alguien.

En segundo lugar, *no finja que todo está bien*. A mí no me gusta el fracaso; no creo que a alguien le guste fracasar. Pero no oculte su decepción fingiendo que nada pasó. Eso le hace parecer desconectado de la realidad.

En tercer lugar, *asuma la responsabilidad; no culpe a los demás*. Recuerde que cuando culpa a alguien en su vida, eso empodera a la otra persona. Si dice: "Fue culpa de ellos", está declarando que ellos tienen más control sobre su destino que usted. Así que no les eche la culpa a otros. Cuando fracasa, pregúntese: "¿He contribuido a este fracaso de algún modo por falta de atención a los detalles? ¿He contribuido a mi fracaso por falta de preparación? ¿Habrá sido porque enfoqué mal el asunto? ¿Quizás fui demasiado ingenuo? ¿Qué quiere Dios que yo aprenda de este fracaso?".

La gente respeta a los líderes responsables que hacen preguntas como estas. A Dios le desagradó mucho cuando Adán culpó a Eva de su pecado y se negó a aceptar su responsabilidad. La *negación* significa rehusarse a aceptar la responsabilidad, y eso es lo que hizo Adán. Él inventó una excusa y culpó a su esposa por el pecado.

Elimine las excusas que le mantienen en el lugar donde está. Una excusa no es mas que una mentira disfrazada de razón. ¡Esta es una frase original de Dale Bronner! Se la acabo de regalar de mi reserva personal. "¡Bien hecho!" es siempre mejor que "¡Bien dicho!". Así que en lugar de tratar de explicar su fracaso, simplemente levántese y pruebe algo diferente. Siga adelante y hágalo, porque si busca un pretexto, siempre va a encontrar alguno.

UNA EXCUSA NO ES MÁS QUE UNA MENTIRA DISFRAZADA DE RAZÓN.

Y por último, si en verdad quiere fracasar positivamente, *admita*: "Sí, me equivoqué". No sé por qué, pero creo que las estadísticas reales muestran que es más difícil para los hombres decir esas palabras que para las mujeres. Pienso que tiene que ver con la forma en que están hechas las bocas de los hombres. Supongo que se debe a una deformidad fisiológica que hace que les tome un esfuerzo enorme decir simplemente, "Yo me equivoqué". Pero en serio, si reconoce los errores que cometió y que le llevaron al fracaso, sea honesto en cuanto a ellos.

Aprenda de esos errores; no persista en ellos. Una de las peores cosas es persistir y obstinarse en algo que está mal. Por supuesto, siempre hay un lugar para la filosofía de: "Si al principio no tiene éxito, inténtelo, inténtelo otra vez". Pero es probable que tenga que cambiar algunas cosas en sus nuevos intentos. Si obviamente está tomando la ruta equivocada, un camino que no va a ninguna parte o que es un callejón sin salida, lo mejor que puede hacer es cambiar su trayectoria.

El momento de perseverar es cuando sabe hacia dónde va, y sabe que está en el camino correcto. Ahí es cuando la perseverancia es lo mejor del mundo. Si la ruta en la que se encuentra está creando la trayectoria que desea, entonces persevere; si no, empiece a crear y a seguir un nuevo camino. Vaya ante Dios para confirmar que ese el correcto y luego *persevere*. Persista ante las dificultades del día a día. Nunca abandone un proyecto de gran potencial a largo plazo solo porque le disgusta el estrés del momento. Aprenda del estrés y de sus respuestas al estrés, aprenda de los fracasos momentáneos que pudieran surgir y entonces avance persistentemente hacia la meta y la visión que Dios le ha dado.

CAMBIE SU TRAYECTORIA Y RECUERDE:

1. **Hay dos verdades sobre el fracaso:**
   - El fracaso es normal e inevitable.
   - El fracaso es la cuna del éxito.
2. **Razones del fracaso:**
   - Metas poco realistas
   - Mal uso de los recursos
   - Circunstancias cambiantes
   - Falta de habilidad y de preparación
   - Información inadecuada e inexacta
   - Suposiciones erróneas
3. **Cómo fracasar de manera positiva:**
   - No reaccione de forma exagerada.
   - No finja que todo está bien.
   - Asuma la responsabilidad; no culpe a los demás.
   - Aprenda de los errores y no los repita.
   - Persevere cuando esté en el camino correcto.

14

Cómo orar

Usted nunca avanzará hacia algún lugar en la vida en el que no necesite a Dios. El Creador nunca nos diseñó para "crecer" y luego independizarnos de Él; siempre tendremos razones para presentarle nuestra vida en oración. Usted va a buscar Su ayuda con sinceridad cuando se dé cuenta de cuán desesperadamente la necesita debido al cambio vertiginoso que ocurre a su alrededor. En realidad solo hay un tipo de oración que Dios responde y esa es la oración desesperada. La intensidad de nuestra desesperación por Dios determinará la medida en la que Él se mostrará en nuestras vidas para hacer lo milagroso y lo imposible.

Cuando de verdad empiece a ver lo que Dios le tiene preparado, entonces comenzará a orar por eso. ¿Puede creer que Dios le permite pronunciar una oración, esta toca el cielo y entonces Su poder y gracia se derraman sobre la tierra... y todo esto porque oró? Déjeme que le cuente una de las cosas que aflige el corazón del Padre. Nosotros nos ofendemos por las oraciones sin contestar, pero Dios se ofende por las oraciones sin presentar. Se ofende cuando ni siquiera buscamos tiempo para orar. La oración es un tiempo de quietud en el que usted se calma y deja ese ajetreo de la vida que le aleja de Dios.

Me resulta interesante que las personas que no encuentran tiempo para orar siempre encuentran tiempo para preocuparse. Pero va a descubrir que si ora más, tendrá menos de qué preocuparse. Y cuando ora, cuando le pide sinceramente a Dios que le ayude, mire, déjeme decirle algo: ¡Dios derramará Su favor sobre usted!

LAS PERSONAS QUE NO ENCUENTRAN TIEMPO PARA ORAR SIEMPRE ENCUENTRAN TIEMPO PARA PREOCUPARSE.

Así que, cuando la alarma deja de sonar y sus ojos se abren, debe pensar en Dios y decirle: "Señor, te agradezco por la gracia de vivir otro día. Gracias porque en este día Tu misericordia se renueva para mí. ¡Gracias!". Otros pensamientos van a llenar su mente a primera hora de la mañana. No comience a revisar la lista de todo lo que tiene que hacer en el día, ni piense en el hecho de que se le hace tarde. Dígale: "Señor, ¡te doy gracias!" Haga de esto una costumbre en su travesía diaria.

La estrategia del diablo

La estrategia del diablo es mantenernos tan ocupados sobre nuestros pies que no tengamos tiempo para ponernos de rodillas. ¿Alguna vez se ha tomado un tiempo para tranquilizarse? ¿Alguna vez le ha sucedido que se despierta a medianoche y comienza a escuchar todos los sonidos extraños que se producen dentro de su casa: el crujido del piso y el chirrido del techo? Usted sabe que los cambios de temperatura provocan que las cosas se muevan. En la noche, si puede oírlo porque su habitación está cerca de la cocina, va a escuchar el motor de su refrigerador o de la nevera. Déjeme decirle esto: durante el día el piso también cruje, al igual que el techo, y el motor del refrigerador se enciende y se apaga; pero no se oye porque estamos demasiado ocupados. No es hasta que llega la tranquilidad de la noche que se pueden escuchar sonidos que pasan totalmente inadvertidos en el ruido y el ajetreo del día.

De la misma manera, hay muchísimas cosas que no percibimos espiritualmente porque estamos demasiado sobresaturados de estímulos para ni siquiera notarlas. Los acontecimientos futuros envían señales suaves, sutiles, pero rara vez estamos lo suficientemente tranquilos para escucharlos. ¿Cuándo fue la última vez que se sentó y así, en silencio, escuchó lo que estaba pasando en el mundo que le rodea? ¿Cuándo fue la última vez que estuvo en el modo de "recibir" en vez del modo de "transmitir"? ¿Cuándo fue la última vez que simplemente se sentó sin tratar de solucionar algo, sin tratar de ejercitarse, sin hacer nada en la computadora o en el teléfono celular, sin comerse un bocadillo, o escuchar música? Un tiempo en el que no piensa; solo mira, ve, siente, huele y escucha. ¿Cuándo fue la última vez que se sentó a tener un tiempo de reflexión sosegada y un estado de ánimo pensativo delante de Dios? ¿Qué le hace pensar que siempre tiene que hacer algo? Recuerde que nosotros somos "*seres* humanos", no "*quehaceres* humanos".

SOMOS "SERES HUMANOS", NO "QUEHACERES HUMANOS".

Algunas personas tienen sus mejores ideas cuando están en la ducha. ¿Sabe por qué? Porque ducharnos es una actividad rutinaria para nosotros, y esa actividad pone su mente en modo de "piloto automático", ya que cuando se ducha lo que hace es bañar el mismo cuerpo que ha bañado toda su vida; así que ni siquiera tiene que pensar en eso. Allí el agua crea ese "sonido de estática" que le permite a su alma reflexionar, y algunas de los pensamientos más grandes se les ocurren a las personas mientras se dan una ducha.

La oración tiene el mismo efecto, pero aún mayor. Si para nada más, necesitamos la oración para mantener la paciencia y ser capaces de aferrarnos a nuestra paz. Hay tres claves para cambiar su trayectoria: 1) la oración 2) la oración y 3) la oración. La oración es la cuerda salvavidas del creyente. La oración nos ayuda a entrar, nos ayuda a pasar y nos ayuda a salir. Si usted está sin trabajo, la oración puede darle uno. Si está en una situación desfavorable, puede ayudarle a salir de ella. Si está metido en un embrollo y no sabe si será capaz de resolverlo, la oración le ayudará a abrirse paso. Si está en problemas, si se encuentra con el agua al cuello, la oración puede ayudarle. Escuche lo que le digo: tenemos que aprender a orar.

La oración es algo muy poderoso. No es de extrañar que Charles Spurgeon dijera: "Prefiero enseñar a un hombre a orar que diez a predicar". ¿Sabe por qué? El diablo nunca se siente intimidado por la predicación o la enseñanza desprovistas de oración. Él no se intimida por un testimonio desprovisto de oración que usted le brinde a alguien, porque sin oración su testimonio carece de poder. Él no se intimida por las iglesias que no oran.

SI PARA NADA MÁS, NECESITAMOS LA ORACIÓN PARA MANTENER LA PACIENCIA Y SER CAPACES DE AFERRARNOS A NUESTRA PAZ.

Usted puede decir a qué el diablo se opone cuando ve contra qué está luchando. Y él realmente debe estar en contra de la oración, porque lucha contra ella a brazo partido. Hay tres formas principales en que Satanás pelea contra la oración, y la primera es la *somnolencia*. ¿Alguna vez le ha pasado? Es tiempo de orar, ¡pero sus párpados se ponen tan pesados que simplemente no puede concentrarse! Si eso ocurre, cambie de posición. Si el diablo está tratando de ponerle a dormir sobre sus rodillas, ¡entonces párese! Usted no va a quedarse dormido de pie. Si siente la tentación de quedarse dormido de pie, ¡camine en vez de quedarse en un solo lugar! ¡Ore en movimiento! Tiene que emplear tácticas para hacerle frente. Cuando usted conoce sus maniobras, entonces ya sabe cómo planear su contraataque.

Aquí está la segunda táctica que utiliza: *pensamientos errantes*. ¿No le pasa que se arrodilla a orar, y entonces al momento, su mente empieza a pensar en lo que va a preparar para la comida, en lo que están poniendo en la televisión o en todo lo que tiene que hacer, y ni siquiera está allí con Dios? Se trata de una distracción satánica. Si su mente comienza a vagar, ponga música de adoración. Alce sus manos mientras ora. Tenga un listado de las cosas que de seguro incluirá durante su tiempo de oración. Tiene que implementar contraataques para el diablo.

La tercera táctica que él utiliza son *las interrupciones*. ¿Alguna vez ha estado de rodillas o en el baño orando, y entonces alguien empieza a llamarle: "¡Mamá!"? En el preciso momento que va a orar, alguien le llama, tocan el timbre, el teléfono celular empieza a sonar. ¿Se ha percatado de eso? Miles de interrupciones, pero eso no sucedió hasta que empezó a orar.

Así que Satanás usa la somnolencia, los pensamientos errantes y las interrupciones. Tiene que ser consciente de sus tácticas, y debe elegir para orar el momento del día que mejor le funciona, el instante donde experimenta la menor cantidad de distracciones y está más concentrado. Las primeras horas de la mañana podrían ser buenas para orar, pero realmente es un tiempo horrible para los noctámbulos, quienes a esa hora ni siquiera pueden encontrar su cepillo de dientes, así que mucho menos podrían concentrarse en orar. Algunas personas que trabajan toda la noche y llegan a sus casas por la mañana, tienen que irse a dormir; no van a ser muy eficientes a esa hora. Tienen que esperar hasta que tengan un tiempo de alerta. Encuentre un instante en el que esté alerta, y decida orar en ese momento, aunque sea por poco tiempo, todos los días. Si tiene problemas en cuanto a ser disciplinado en la oración, busque a alguien para que ore con usted. Compartir el estímulo es siempre una motivación. Hágase de un compañero de oración, una persona a quien rinda cuentas por su vida de oración.

Dios siente la alegría, la emoción, la tristeza y el dolor que tenemos en el momento en que oramos. Él sabe que hay lapsos en los que ni siquiera sabemos qué decir, ¡y eso está bien! Él es Dios. Estamos autorizados a simplemente descansar en Él y hacer lo que yo llamo "orar sin palabras". ¿Alguna vez ha visto a esos amigos verdaderos que pueden estar juntos y ni siquiera tienen que hablar? ¿Alguna vez ha visto a personas que llevan mucho tiempo de casados? Ve a dos ancianos en un restaurante, y ni siquiera abren la boca. ¡Durante todo el tiempo, están en silencio total! De todas formas cuando uno ha estado junto a otra persona por mucho tiempo, ya conoce lo que está pensando. Ha oído todas sus historias, ya sabe lo que siente antes que lo diga y no necesita las palabras. Cuando se conocen tan bien, puede estar con esa persona, y basta con su presencia para que haya comunicación. En ocasiones nuestra oración es nuestra presencia en adoración comunicándose con Dios.

Orar es tan importante como respirar. Es imposible ser un auténtico cristiano y no ser un cristiano de oración. ¿Sabe que la comunicación es esencial para que una relación sea exitosa? ¿Se imagina que tenga amigos, de esos a los que se les llama amigos de verdad, pero que nunca le llaman, no le visitan, no quieren hablar con usted? La relación y la amistad se deteriorarían rápidamente si no hay comunicación. Por favor, entienda esto: orar no es hablar con la pared. Cuando oramos, estamos hablando con *alguien*. Cuando oramos, nos estamos comunicando con una Persona real, un Dios real, un Espíritu Santo real. Estamos hablando con alguien que nos escucha y nos entiende.

EN OCASIONES NUESTRA ORACIÓN ES NUESTRA PRESENCIA EN ADORACIÓN COMUNICÁNDOSE CON DIOS.

Tres sugerencias para la oración

Quisiera que meditara en algunas de estas sugerencias a medida que empieza su vida de oración.

1. **Elija un tiempo diario para encontrarse con Dios.** Si no establece una cita, no va a encontrar el tiempo. Establezca un régimen de oración. Póngale una hora. Fije la hora firme en su mente. No se limite a orar cuando le apetezca. Permítame decirle esto: es mejor que fije un tiempo corto de oración y meditación, pero regular, a que tenga largas horas con el Señor, pero al azar. Haga una cita con Dios y guárdela. Si su tiempo de oración principal no es cuando se levanta por la mañana, de todos modos recuerde ponerse en contacto con Dios en el mismo segundo que abre los ojos, y dedíquele el día a Él.
2. **Establezca una cantidad específica de tiempo para su cita diaria con Dios. Hágala corta al principio y auméntela**

gradualmente. A veces será más extensa si está enfrentando alguna situación. Otras veces las emergencias que pudieran aparecer en su vida reducirán el tiempo, pero si hace cortas sus oraciones, entonces asegúrese de que sean frecuentes.

3. **Escoja un lugar habitual para encontrarse con Dios.** La oración tiene que suceder en algún lugar. Necesita tener un sitio específico de oración, un espacio donde ore sin distraerse. Está bien orar mientras está manejando el auto o en el autobús, pero necesita un tiempo de oración sin distracciones. Puede ser en su oficina, en su dormitorio o en un jardín, un lugar donde las interrupciones sean mínimas.

También quiero animarle a utilizar un modelo para orar en esos momentos en los que no tiene una iniciativa para la oración dirigida por el Espíritu. Voy a darle tres modelos; use el que más le guste o ¡utilice los tres! La cuestión es que usted ore.

La oración del Padre Nuestro

Ore a través de la oración del Padre Nuestro. (Véase Mateo 6:9–15.)

"Padre nuestro, que estás en los cielos": recuerde el Calvario y agradezca a Dios que puede llamarle Padre por la virtud de la sangre de Jesús. *"Santificado sea tu nombre"*: santifique, o alabe los nombres de Dios, porque, al hacerlo, hace una declaración de fe. Aquí están algunos ejemplos de los nombres de Dios: Jehová Jireh, el Señor es mi proveedor; El Shaddai, el Todosuficiente; Jehová Shalom, el Señor es mi paz; Jehová Rohi, el Señor es mi Pastor. *"Fuerte torre es el nombre de Jehová; a ella corre el justo y se siente seguro"* (Proverbios 18:10).

"Venga tu Reino. Hágase tu voluntad": pídale al Señor que Su Reino sea establecido y gobierne en todas las esferas de su vida, en su vida espiritual, en su familia, en su iglesia, en su pastor, en su trabajo, en su estado, en su país, en toda la tierra.

Después vaya a sus propias peticiones: *"El pan nuestro de cada día, dánoslo hoy"*. Cristo nos instó a que nuestras oraciones fueran conocidas delante de Dios. Podemos acercarnos confiadamente a Su trono y poner nuestras peticiones delante de Él, no solo las cosas que nos están sucediendo, sino las que queremos que sucedan. Oswald Chambers dijo: "Tenemos que orar con nuestros ojos puestos en Dios, no en las dificultades". Y cuando ore, dele tiempo a Dios para que le responda a su espíritu. Dele tiempo para que imparta sabiduría a su corazón en cuanto a lo que debe hacer. Dese cuenta de que el tiempo que pasa con Dios nunca se pierde. Sea específico, tenaz y que sus peticiones sean conocidas delante de Dios.

"TENEMOS QUE ORAR CON NUESTROS OJOS PUESTOS EN DIOS, NO EN LAS DIFICULTADES".

"Y perdónanos nuestras deudas, como también nosotros perdonamos a nuestros deudores". Ahí es donde le pide a Dios que le perdone y usted perdona a aquellos con quienes tiene algún problema. Pídale al Espíritu Santo que le muestre incluso personas con las que pudiera tener un problema y no se ha dado cuenta de eso. Y disponga su voluntad para perdonar a los que han pecado contra usted.

Luego dice: *"No nos metas en tentación, sino líbranos del mal"*. En otras palabras,

> *Tomad toda la armadura de Dios, para que podáis resistir en el día malo y, habiendo acabado todo, estar firmes. Estad, pues, firmes, ceñida vuestra cintura con la verdad, vestidos con la coraza de justicia y calzados los pies con el celo por anunciar el evangelio de la paz. Sobre todo, tomad el escudo de la fe, con que podáis apagar todos los dardos de fuego del maligno. Tomad el yelmo de la salvación, y la espada del Espíritu, que es la palabra de Dios. Orad en todo tiempo con toda oración y súplica en el Espíritu, y velad en ello con toda perseverancia y súplica por todos los santos.* (Efesios 6:13–18)

Ore para que Dios establezca un cerco de protección alrededor de usted y sus seres queridos.

Y, por último, *"porque tuyo es el Reino, el poder y la gloria, por todos los siglos. Amén"*. Aquí es donde hace su declaración de fe y cierra su oración con alabanzas. Comienza santificando y alabando Su nombre, y termina alabándole. Le agradece por lo que *ya* ha hecho y por lo que está *por* hacer.

Modelo ACAS

Hay otro modelo de oración que se puede utilizar, llamado "ACAS", debido al uso de un acrónimo. La "A" es *adoración*. Alabe a Dios por lo que Él es. Adórelo, alábelo por ser quien es. La "C" es *confesión*. Le dice todo lo que ha hecho mal y le pide perdón. No puede esperar y luego confesar sus pecados una vez al año. ¡Ya habrá hecho demasiado para ese tiempo! Hay que confesarlos diariamente. Si no lo hace así, entonces se le olvida todo lo que ha hecho mal; tiene que ser todos los días. La confesión es como el jabón para el baño diario. ¿Se imagina lo sucio y mugriento que se pondría si deja de bañarse durante un año o solamente una semana? Del mismo modo, tiene que confesar a diario.

"A" es *acción de gracias*. Usted le da gracias a Dios por las oraciones contestadas y por ayudarle en su vida diaria. Dele gracias por Su bondad, misericordia, favor, gracia, sanidad y unción en su vida. Agradézcale por su familia, como dice en 1 Tesalonicenses 5:18: "*Dad gracias en todo*".

Entonces, finalmente, la "S" es de *súplica*. Termine su oración pidiendo a Dios por su comida diaria, por sanidad, por Su bendición. Tenga en cuenta que la estructura de la oración ACAS le impide centrarse en sí mismo y le obliga a centrarse en Dios. Usted sabe que algo anda mal con su oración cuando está lleno de súplicas y nada más; entonces todo es yo, yo, yo. Pero cuando lo primero que expresa es su adoración, y luego su confesión, su acción de gracias, y todo lo que viene antes de pedirle a Dios lo que usted *desea*, entonces su corazón está en el lugar correcto.

La Oración del Tabernáculo

En la Oración del Tabernáculo, cada pieza del mobiliario que había en el Tabernáculo del Antiguo Testamento se convierte en algo por lo que nosotros oramos. Puede caminar a través del tabernáculo en su mente y orar. Utilice las diversas piezas del mobiliario como punto de referencia en la oración. Cada pieza está estratégicamente ubicada a propósito y se puede utilizar como un esquema para la oración personal. Hay tres secciones principales en el tabernáculo: el atrio exterior, el atrio interior y el lugar santísimo. Cada sección representa un proceso de cómo acercarnos al santo trono de Dios en oración.

El altar de bronce en el atrio exterior es el lugar donde le damos gracias a Dios por la sangre salvadora que Jesús derramó por nosotros. Somos salvos por la sangre de Jesucristo. Seguidamente, la fuente de bronce es donde somos lavados por el agua de la Palabra. La sangre tiende a ensuciarlo todo, pero expía nuestros pecados; sin embargo, se necesita el agua para desaparecer las cicatrices. Luego entra al atrio interior, y encontrará el candelabro de oro con siete brazos. Estos 7 brazos son los siete espíritus de Dios que se mencionan en Isaías 11: el Espíritu del Señor, el espíritu de sabiduría, el espíritu de inteligencia, el espíritu de consejo, el espíritu de poder, el espíritu de conocimiento y el espíritu de temor de Jehová. Después que pase por todas estas partes, dele gracias a Dios.

En el atrio interior también se encuentra la mesa con los panes de la propiciación. Aquí es donde tiene comunión con Dios, gracias al cuerpo y la sangre de Cristo. Como Él dijo: *"De cierto, de cierto os digo: Si no coméis la carne del Hijo del hombre y bebéis su sangre, no tenéis vida en vosotros"* (Juan 6:53). Allí es donde entramos en comunión con Él, tenemos comunión con Él, y hablamos con Él. También en ese sitio se encuentra el altar del incienso, que es donde, después de haber hecho todas las oraciones con su mente consciente, usted le permite al Espíritu Santo y a otras lenguas elevarse en oración para orar a Dios cosas que ni siquiera sabe que debe orar. Esa oración sube al altar del incienso ante Dios como olor fragante, porque el Espíritu Santo ora a través de nosotros, intercediendo por nosotros. (Véase Romanos 8:26.)

Él ora e intercede por nosotros. En el propiciatorio, la sangre era rociada una vez al año para la remisión de nuestros pecados. Allí los ángeles están frente a frente declarando: "¡Santo! ¡Santo! ¡Santo!" y la gloria de Dios se manifiesta en medio de eso, y nos concede misericordia. ¡Él nos concede Su misericordia! Dios se sienta en el propiciatorio, no el trono del juicio.

Debajo del propiciatorio está el Arca de la Alianza, que contiene tres cosas que nos hablan hoy: los Diez Mandamientos, que nos recuerdan que Dios ha inscrito de manera sobrenatural en su corazón lo que usted es y lo que debería ser; la urna que contiene el maná, la cual nos recuerda que Dios nos provee de manera sobrenatural en cada situación; y la vara reverdecida de Aarón, que nos recuerda que Dios tiene una gracia sobrenatural para con nosotros, y hace reverdecer nuestras vidas porque estamos conectados a Él en oración.

"La oración no se aprende en un aula, sino en una habitación".

E. M. Bounds dijo: "La oración no se aprende en un aula, sino en una habitación". Usted puede leer todo el día acerca de cómo orar, pero solo va a aprender cuando empiece a hacerlo. Es como conducir. No se aprende a conducir leyendo los manuales que tratan el tema y escuchando un audio sobre los pedales de freno y del acelerador. No, usted aprende a conducir sentándose detrás del volante y haciéndolo. Del mismo modo, se aprende a orar, orando.

La oración es elevar su vida, con todos sus problemas y todas sus alegrías, delante de Dios. Cuando levanta su vida hacia Dios, Dios respira sobre ella y la arregla para que pueda seguir adelante. La oración comienza en el interior, sale, la elevamos, y entonces ella continúa avanzando hacia adelante. Cuando ora, una brisa de avivamiento comienza a soplar suavemente en su alma hasta que, a veces, se crea un huracán, y Dios empieza a soplar apartando cosas de su camino. Yo solo vengo a recordarle que cada vez que necesite un verdadero cambio de trayectoria en su vida, ¡es hora de orar! Si se encierra en su cuarto para orar y permite que el poder del Espíritu Santo comience a moverse en usted, algo sobrenatural y divino sucederá.

Dios comenzará a soplar de su mente esas cosas de las que no podía deshacerse por su cuenta. Hay algunas cosas que Dios ha reservado solo para Él. No puede hacer todo lo que se necesita hacer por usted. Hay ciertas cosas que Él escribió en el guión donde dice: "Esta es Mi parte. Aquí es donde Yo entro, y tú no puedes hacer tu siguiente parte hasta que Yo venga y haga la Mía. Cuando Yo entre en el escenario de tu vida, voy a levantarme y me voy a dar a conocer". Cuando la vida lo pone de rodillas, está en la posición perfecta para orar. Cuando la vida lo pone de rodillas, no corra a llamar por teléfono a su mejor amigo, a su madre o a su pastor. Deje el teléfono y diríjase al trono. ¡Usted tiene algunos problemas ahora mismo que necesita poner ante el trono de la gracia!

Cuando la vida esté girando a su alrededor, cambiando dramáticamente, más de lo que nunca creyó que podría hacerlo, preséntelo ante el trono de la gracia.

CAMBIE SU TRAYECTORIA Y RECUERDE:

1. La oración es elevar su vida, con todos sus problemas y todas sus alegrías, delante de Dios. Cuando levanta su vida hacia Dios, Dios respira sobre ella y la arregla para que pueda seguir adelante.
2. **Tácticas del diablo contra la oración:**
   - Somnolencia
   - Pensamientos errantes
   - Interrupciones
3. **Tres sugerencias para la oración:**
   - Elija un tiempo diario para encontrarse con Dios.
   - Establezca una cantidad específica de tiempo para su cita diaria con Dios. Hágala corta al principio y auméntela gradualmente.
   - Escoja un lugar habitual para encontrarse con Dios.
4. **Tres modelos de oración:**
   - La oración del Padre Nuestro
   - El modelo ACAS
   - La oración del Tabernáculo
5. Cada vez que necesite un verdadero cambio de trayectoria en su vida, ¡es hora de orar! Si se encierra en su cuarto para orar y permite que el poder del Espíritu Santo comience a moverse en usted, algo sobrenatural y divino sucederá.
6. Aprenda a orar, orando.

15

Cómo solucionar los problemas

Cambiar su trayectoria le traerá problemas inesperados. Aún cuando esté haciendo todo correctamente, trabajando y orando duro, estresándose solo lo necesario pero no demasiado, incluso así, todavía se encontrará con problemas insospechados. A veces el problema viene de usted mismo, lo que también significa que tiene el poder para cambiarlo. Otras veces el problema viene del diablo, lo que significa que Dios le visitará con Su liberación. Pero en otras ocasiones los problemas vienen de Dios, y es porque Él está tratando de hacernos crecer.

LA ADVERSIDAD ES EL MEJOR AMIGO DE AQUELLOS QUE TIENEN EL DESEO DE MEJORAR.

Miramos el mundo a nuestro alrededor y pensamos que los problemas son demasiado grandes, pero en realidad, nosotros somos demasiado pequeños, así que Dios tiene una manera de utilizar los problemas para que crezcamos. La adversidad es el mejor amigo de aquellos que tienen el deseo de mejorar, porque sus pruebas son para que se fortalezca. Las tribulaciones siempre fortalecerán algo en usted.

El proceso de Dios

Déjeme darle una panorámica del proceso de Dios, un adelanto, para que vea cómo Él nos hace crecer. Primero, *existe una necesidad de cambio o crecimiento*. Está atrapado en una rutina, está viviendo en pecado o simplemente ya está listo para el siguiente paso de la santificación. Así que, en segundo lugar, *Dios usa una crisis*. La palabra *crisis* significa "momento crucial". Dios tiene que usar la crisis, algo para devolverlo del camino que originalmente tomó, o de lo contrario, terminaría en la base de la montaña en vez de terminar en la cima. Él tiene que crear una crisis cuando quiere sacarle de su camino.

Tercero, *la crisis provoca hambre de respuestas*. ¿Alguna vez ha estado en un problema, y el dolor que este causa en su vida es tan intenso que le lleva a cuestionar las cosas? Comienza a cuestionar la naturaleza misma de quién es usted, y quién es Dios, y empieza a hacerse preguntas como: "¿Qué estoy haciendo aquí? ¿Debo irme o debo quedarme?" ¿Le ha pasado? Mire, usted se metió en algo que al principio parecía bueno, sin embargo, luego tropezó con algunos problemas, y esto empezó a afectarle, así que comenzó a preguntarse: "¿Debo tirar la toalla o sigo peleando?" Empieza a buscar información, comienza a buscar respuestas, empieza a buscar ayuda.

Finalmente, *el hambre de respuestas trae revelación de Dios*; Él lo prometió: "*Buscad, y hallaréis*" (Mateo 7:7). Esa es la buena noticia del Evangelio: que "*si confesamos nuestros pecados, él es fiel y justo para perdonar nuestros pecados y limpiarnos de toda maldad*" (1 Juan 1:9). Todo problema está vinculado al pecado, pero Dios nos limpiará no solo de nuestro pecado, sino también de toda la maldad que nos rodea. Esto significa que cada vez que tengamos un problema, Él nos va a hacer crecer para que seamos capaces de superarlo. Los problemas nos hacen esforzarnos. Cuando resuelve un problema, alcanza un nivel diferente de conocimiento, autoridad y responsabilidad.

Mantenga la perspectiva correcta

Pero ¿cómo resolver los problemas? Comience con la perspectiva correcta. Recuerde que por definición, un problema es algo que se puede resolver. Marilyn Voss Savant dijo: "Ser derrotado es, a menudo, una condición temporal, pero darse por vencido es lo que la hace permanente". Quizás no se resuelva de inmediato, pero tiene solución.

Así mismo, recuerde que son los problemas en la vida los que le ayudan a desarrollarse. Es como el cuarto oscuro de un fotógrafo. Usted está expuesto al negativo, y su cerebro va a revelar ese negativo en su vida. Los momentos oscuros en su vida se convierten en su cuarto oscuro. Las fotografías de su vida son reveladas allí; así que aprenda a aceptar los momentos oscuros porque en realidad le ayudan a revelarse, aunque usted es el único que lo ve.

Parece como si todo hubiera ocurrido de la noche a la mañana, porque al parecer usted se desarrolló de la noche a la mañana, pero lo que sucedió es que se desarrolló en la oscuridad. Se prepara para recoger algunas zanahorias, pero no las ve creciendo por encima de la tierra, ya que es un proceso subterráneo. Solo se ve un poco de follaje verde, mas el verdadero desarrollo está sucediendo bajo la superficie. Un campeón no se presenta de pronto en el cuadrilátero. Allí no es donde se forman los campeones; allí es donde se exponen. Se *formaron* en el gimnasio, practicando sin parar, una y otra vez, día tras día, diligentemente, consistentemente.

CUANDO RESUELVE UN PROBLEMA, ALCANZA UN NIVEL DIFERENTE DE CONOCIMIENTO, AUTORIDAD Y RESPONSABILIDAD.

Nadie ve cuando se queda hasta tarde en la noche pensando qué hacer, cómo va a pagar esto, hacer malabares con aquello, y desvestir un santo para vestir a otro. Todo el mundo piensa que a le va súper bien, pero no lo ven quedarse despierto hasta bien tarde en la noche preguntándose: "¿Cómo pagaré las cuotas del auto, y la hipoteca de mi casa, el alquiler, cómo mantengo todas estas cosas?". Todo el mundo piensa que su éxito llegó de la noche a la mañana. Si el éxito llegó de la noche a la mañana, ¡entonces la noche fue muy, muy larga!

Así que mantenga la perspectiva correcta, y recuerde que la grandeza siempre se revela en los días oscuros. En tiempos de desesperación, más que nada, las personas necesitan perspectiva. ¿Por qué? Porque la perspectiva trae calma y esta permite pensar con claridad. Pensar con claridad produce nuevas ideas, y las ideas hacen surgir la flor de una respuesta. Tiene que mantener la perspectiva correcta.

Mantenga la actitud correcta

Nunca permita que sus problemas sean usted mismo. Eso es para las personas narcisistas que son el centro de su propio universo, que piensan que todo en el mundo gira alrededor de ellas y que todo siempre se trata de ellas. Una causa importante del pensamiento negativo y de una mala salud mental es el ensimismamiento, porque lo lleva a consumirse a usted mismo. El egoísmo, en última instancia, no solo daña a las personas alrededor del egocéntrico, sino a la propia persona egoísta.

Alguien una vez le preguntó a un psiquiatra muy distinguido, el Dr. Karl Menninger: "¿Qué le aconsejaría hacer a una persona que siente que va a entrar en un ataque de nervios?". La mayoría esperaba que él respondiera: "Usted debe consultar a un psiquiatra", pero no fue eso lo que dijo. El doctor Menninger respondió: "Cierre la casa con llave, cruce la línea del tren, encuentre a algún necesitado, y haga algo para ayudarle".

¿No es interesante? Para salvar su mente, ayude a alguien más. Mire, cuando socorre a otra persona, Dios le retribuye esa ayuda y lo bendice. Es por eso que la Biblia dice que es más bienaventurado dar que recibir. Cuando da, recibe el don del gozo, de la paz, del propósito, del logro, del significado y de la comprensión en su propia vida. ¿No ha notado que las personas generosas muy pocas veces se enferman de la mente? Manténgase enfocado hacia el exterior, y evitará hundirse en la depresión. Recuerde siempre que su perspectiva determina su resultado.

Identifique su problema

Si no sabe cuál es su problema, ¡no lo podrá tratar! Averigüe lo que en realidad está mal. Hay individuos que tienen muchos problemas; tienen esto y aquello, y no saben exactamente cuál es la dificultad. Lo que piensa que es un solo problema, realmente pueden ser seis problemas distintos que parecen estar conectados, ¡pero no lo están! No puede esperar ganar si no sabe por qué perdió.

Distinga su problema de lo que es un hecho de la vida. ¿Es esto algo que se puede cambiar, o se trata de un hecho de la vida que ningún esfuerzo lo cambiará? Necesita saber cuándo luchar y cuándo aceptar. No pierda su tiempo tratando de cambiar un hecho de la vida. Cambie su enfoque y luego busque otras oportunidades. Si nació mujer, seguirá siendo mujer; simplemente asúmalo. Si es un hombre, seguirá siendo hombre. Es una realidad de la vida, así que no lo convierta en un problema. Eso es así y ya. Si es de una determinada raza, no puede evitarlo. Dios lo creó así, y Él no comete errores.

Deje que los problemas provoquen soluciones

El tamaño de su problema predice el tamaño de su futuro. Si tiene un gran futuro por delante, tendrá grandes problemas. Había un hombre en la Florida llamado David Miller. Tenía allá un restaurante al que iban tantas personas que empezó a tener problemas porque tenían que esperar para sentarse. Entonces tuvo una idea: "¿Por qué no invento una especie de sistema de localización para que las personas no tengan que andar merodeando por los alrededores, sino que a cada uno se le pueda dar un localizador que suene cuando su mesa esté lista?".

De su problema surgió una respuesta. Desarrolló un sistema de localización que vibraba para que la gente supiera cuándo su mesa estaba lista. Comenzó a ganar más dinero vendiendo su sistema de localización a otros 25.000 restaurantes y clubes campestres. Este negocio empezó a crecer más que el de los restaurantes. De hecho, comenzó a desarrollarlo tan bien que Motorola se involucró en la idea. Es increíble cómo Dios dejó que su dificultad predijera el tamaño de su futuro. Lo que él pensaba que era un problema se convirtió en una oportunidad, y Dios bendijo su vida. Le aseguro que en cada problema y crisis se oculta una oportunidad para usted.

EL TAMAÑO DE SU PROBLEMA PREDICE EL TAMAÑO DE SU FUTURO.

¿Sabía que una mujer llamada Mary Anderson inventó el limpiaparabrisas? Ella estaba en un tranvía en Nueva York en un día de invierno, y el vehículo tenía que parar a cada rato para que el conductor pudiera salir y quitar la nieve del parabrisas. Así que para resolver el problema, ella inventó el limpiaparabrisas ¡Y estos sirven lo mismo para la lluvia que para la nieve!

¿O qué tal el lavaplatos? Fue inventado por una mujer llamada Josephine Cochran, quien era una mujer adinerada. Tenía sirvientes para lavar sus platos, pero, además de ser lentos, le rompían su vajilla de porcelana. Así que inventó una máquina lavaplatos.

Tales situaciones quizás nos hubieran frustrado a la mayoría de nosotros, pero estas damas sabían que un *problema* es la semilla de una *solución*. Si está frustrado por una circunstancia, no se enoje; sea inteligente. Deje que su frustración lo lleve a la productividad. Produzca algo de esa dificultad.

Hubo una mecanógrafa llamada Betty Nesmith Graham, que no era muy buena tecleando, y vivió antes de los días de la muy práctica tecla de retroceso. Así que estaba tecleando a la antigua, en una máquina donde si se equivocaba tenía que volver a escribir toda la página. Betty Nesmith se cansó de tirar el papel y empezar todo de nuevo. Un día vio a unos pintores de casas que, cuando se equivocaban, pintaban sobre el error. Hmmm, bueno ella inventó el *Liquid Paper* o corrector líquido, para poder pintar sobre sus errores sin volver a escribir toda la hoja.

La necesidad es la madre de la invención. Si hay algo que lo ha estado amargando, déjeme decirle que ese mismo problema que lo saca de sus casillas es a menudo el problema que Dios ha ordenado para que usted lo solucione y traiga a la existencia una nueva idea o concepto útil. ¡De verdad, usted se va a sorprender!

Cuando está tratando con esas situaciones difíciles y adversas, la clave para encontrar una solución o una respuesta es, a menudo, reconocer simplemente una ley superior que funcione. Permítame ilustrarlo: sabemos que el agua se congela a 0 grados centígrados. Esa es una ley física; yo no la inventé. El agua se congelaba a 0 grados centígrados mucho antes de que yo viniera a este mundo. Ahora bien, el agua hierve a 100 grados centígrados. Yo tampoco lo inventé; eso también es una ley de la física.

Pero, ¿sabe lo que sucede cuando se le agrega sal al agua? Resulta ser que el agua salada no se congela a 0 grados; tiene que haber mucho más frío para que esto suceda. Y si se calienta una olla de agua salada, la temperatura debe ser superior a los 100 grados para que hierva.

¿Significa esto que la ley física de congelación del agua a 0 grados, y la de ebullición del agua a 100 grados, no son válidas? Claro que no. Simplemente está encontrando leyes *superiores* que entran en vigor cuando se le añade sal al agua.

Ahora, relacionado a esto, piense en el hecho de que Jesús nos ha llamado la sal de la tierra. Estamos operando por medio de una ley superior, a través del Espíritu Santo dentro de nosotros. Nuestro amor no se enfría como el de los demás, porque vivimos por una ley superior. Nuestros ánimos no llegan a un punto de ebullición rápidamente como sucede a otras personas, porque estamos viviendo por una ley superior por medio de la cual hemos sido transformados por el poder del Espíritu.

Así que cuando se encuentre con situaciones problemáticas y difíciles aquí abajo en la tierra, busque esa ley superior. Hay una ley superior que lo sacará del problema y que desafía nuestras expectativas normales.

PROBLEMAS

Para resumir, quiero regalarle un pequeño acrónimo que usted puede poner en su refrigerador: PROBLEMAS. La "P" es por "Predictores". Sus problemas son predictores que le ayudan a moldear su futuro. "R" es por "Recordatorios". Los problemas nos recuerdan que no podemos tener éxito por nosotros mismos. Los problemas nos recuerdan que podríamos necesitar pedir ayuda, mentoría, consejo o dirección a alguien. La "O" es por "Oportunidades". Los problemas nos sacan de la rutina y nos llevan a pensar de forma creativa; cada problema trae consigo una oportunidad. Aprenda a buscar la oportunidad.

"B" es por "Bendiciones". Los problemas a veces son puertas abiertas por las que, de otra manera, no podríamos pasar. La "L" es por "Lecciones". Los problemas nos proporcionan instrucciones con cada nuevo desafío; cada problema es una escuela. Necesita aprender la lección de esa escuela antes de salir del problema para que cuando se encuentre con uno similar, ya no constituya un problema porque usted ya tiene las respuestas. "E" es por "En todas partes", ya que los problemas están dondequiera. No están confinados a un solo lugar. No solo tenemos problemas en el gobierno, en el sistema escolar o en las empresas que están en *Fortune 500*. Si su familia solo consiste en mamá y papá, va a tener problemas. Si tiene un solo hijo, va a tener problemas. Si tiene doce hijos, va a tenerlos. "M" es de "Mensajes". Los mensajes nos advierten sobre un posible desastre.

Luego viene la "A" de "Ayuda". Recuerde buscar la ayuda de Dios en cada problema. Búsquele en oración, mantenga la comunión con Él. Y entonces, al final, me encanta la última letra de PROBLEMAS. Es la "S" de "Soluciones". Cada problema tiene una solución; ¡esa es la buena noticia del Evangelio! Dios usa nuestros problemas para dirigirnos, examinarnos, corregirnos, protegernos y perfeccionarnos.

LOS PROBLEMAS NOS SACAN DE LA RUTINA Y NOS LLEVAN A PENSAR DE FORMA CREATIVA; CADA PROBLEMA TRAE CONSIGO UNA OPORTUNIDAD.

Recuerde que los problemas son normales en la vida. No piense que fue el primero en tenerlos, y no crea que será el último. ¿Quién le dijo que no tendría problemas una vez que fuera salvo? La verdad del asunto es que cuando Dios entra en su vida, eso no significa que no tendrá problemas. Simplemente significa que los problemas no le tendrán a usted.

CAMBIE SU TRAYECTORIA Y RECUERDE:

1. **El proceso de Dios es:**
   - Existe una necesidad de cambio o crecimiento.
   - Dios usa una crisis.
   - Se produce hambre de respuestas.
   - El hambre de respuestas trae revelación de Dios.
2. **¿Cómo resolver los problemas?**
   - Mantenga la perspectiva correcta.
   - Mantenga la actitud correcta.
   - Identifique su problema.
   - Deje que los problemas produzcan soluciones.
3. **Un problema, por definición, tiene solución.**
4. **Recuerde el acróstico:**

   P - Predictores
   R - Recordatorios
   O - Oportunidades
   B - Bendiciones
   L - Lecciones
   E - En todas partes
   M - Mensajes
   A - Ayuda
   S - Soluciones

16

Cómo Trabajar

Los grandes cambios que tienen el mayor impacto en nuestras vidas a menudo parecen relacionarse con la pérdida o un cambio significativo de trabajo. Debido al dinamismo de la economía norteamericana, veinte millones de puestos de trabajo se pierden o se reestructuran todos los años. ¡Veinte millones! Esas son demasiadas vidas trastocadas. La buena noticia es que también se crean millones de empleos al año. Y considere esto: de acuerdo con los datos analíticos del *USA TODAY*, en el 2017 se añadirán a la fuerza laboral un estimado de 2,5 millones de nuevos empleos de calificación media.[7] Eso representa una gran cantidad de oportunidades potenciales.

Ahora bien, necesitamos aprovechar todas las oportunidades que nos vengan a la mano. Hubo una época en que la meta profesional de una persona típica era ser contratada por una buena compañía, trabajar allí durante cuarenta años y recibir un reloj de oro al jubilarse. Pero en los tiempos actuales, la persona típica podría tener una docena de puestos de trabajo diferentes y de tres a cinco carreras distintas.

Muchas empresas ya no están buscando empleados a largo plazo. Quieren darle empleo por un par de años, aprovechar al máximo su rendimiento mientras esté todavía en un rango relativamente bajo de

7. MaryJo Webster, "Where the Jobs Are" [Dónde están los trabajos], USA TODAY, www.usatoday.com/story/news/nation/2014/09/30/job-economy-middle-skill-growth-wage-blue-collar/14797413/ (revisado el 22 de abril de 2015).

pago, y luego deshacerse de usted y contratar a individuos jóvenes, creativos e innovadores para así empezar el proceso de nuevo. Le pueden pagar un salario más bajo a esa persona, en vez de pagarle a usted sus aumentos por antigüedad, y eso ayuda a que el negocio se mantenga lucrativo y productivo. Esta es la forma en que funcionan las cosas, así que tiene que estar preparado.

Mientras tanto, debido a la inestabilidad de las condiciones económicas, el cambio en los gustos de los consumidores y la competencia a nivel mundial, industrias enteras hacen recortes de plantilla o incluso desaparecen. A veces, la demanda de personal para una clasificación o carrera en particular puede disminuir y hasta desaparecer después de unos pocos años. Muchos empleos de manufactura en los Estados Unidos han sido enviados al extranjero: a China, India o Brasil. Hemos sido testigos de la transición del trabajo físico al trabajo mental como la actividad dominante de los empleados en este país.

En su ensayo titulado "La autoestima en la era de la información", el psicólogo Nathaniel Branden hace estas observaciones:

> *Vivimos en una economía global que se caracteriza por cambios rápidos, avances científicos y tecnológicos acelerados, y un nivel de competitividad no visto anteriormente. Esta situación demanda niveles más altos de educación y capacitación que los requeridos por las generaciones anteriores. Todo el que está familiarizado con la cultura empresarial lo sabe. Lo que no se entiende por igual es que todos estos avances también establecen nuevas demandas para nuestros recursos psicológicos. En concreto, es necesaria una mayor capacidad para la innovación, la autogestión, la responsabilidad personal y la auto-dirección... Hoy las organizaciones necesitan no solo un mayor nivel de conocimientos y habilidades en sus miembros, sino también un mayor nivel de independencia, autosuficiencia, autoconfianza y la capacidad de ejercer iniciativa.*[8]

8. Nathaniel Branden, "Self-Esteem in the Information Age" [La autoestima en la era de la información], Red Barn, mol.redbarn.org/objectivism/Writing/NathanielBranden/SelfEsteemInTheInformationAge.html (revisado el 22 de febrero de 2015).

En otras palabras, los empresarios buscan personas con iniciativa, innovadoras, personas que puedan ser productivas en su trabajo sin necesidad de una supervisión estrecha. Hoy tenemos muchas oportunidades para ser más autónomos en una serie de campos profesionales porque podemos trabajar desde la casa y tener empleos a distancia, pero tenemos que ser lo suficientemente maduros para trabajar de esa manera. Algunas personas piensan: "Bueno, si estoy en casa, me voy a levantar tarde, voy a comer constantemente, voy a publicar en mis perfiles y revisar las redes sociales, y voy a "tuitear" todo el día". ¡Eso no va a funcionar! Es necesario tener autodisciplina, un fuerte sentido de la responsabilidad, mucha automotivación y una rápida capacidad para producir resultados. Las empresas buscan personas confiables que sean capaces de trabajar por sí mismos en un ambiente; trabajadores que no necesitan un supervisor que los vigile cada cinco minutos. Si el dinero comienza a escasear en la empresa, adivine quién es el primero en irse: las mismas personas que se la pasan holgazaneando y que son difíciles de tratar.

Hay algunos principios que debe incorporar a su modo de pensar y a su comportamiento para que se posicione con eficiencia y sea capaz de avanzar en este mercado siempre cambiante.

Claridad

Tener claridad es quizás su responsabilidad más importante. Debe ser capaz de ver el final de algo desde el inicio. Si su visión no es clara, no reconocerá esa visión cuando llegue a ella, y no será capaz de explicársela a los demás. Es por eso que la responsabilidad de un líder es: tener visión y compartirla con los demás.

La claridad es la capacidad de ver la realidad y reconocer: "Bueno, esto es lo que hay". Debe saber con absoluta claridad quién es usted, lo que representa, y lo que está llamado a hacer. Su visión tiene que ser clara. ¡Si yo tengo que leer cinco páginas para poder entender su visión, ¡es obvio que usted no tiene claro lo que quiere! Si es incapaz de expresarla en una o dos frases, su visión no es lo suficientemente clara. ¿Puede plasmar su visión en el estampado de una camiseta? Si cabe, entonces tiene una visión clara.

LA RESPONSABILIDAD DE UN LÍDER ES TENER VISIÓN Y COMPARTIRLA CON LOS DEMÁS.

En mi caso, mi propósito y visión es simplemente salir y dar a conocer a Jesús: ¡es muy sencillo! No estoy dudoso o confundido en absoluto acerca de esto. El lema de nuestra iglesia durante varios años ha sido el siguiente: "Alcanzar a los perdidos y enseñar a los hallados". Es la esencia de lo que somos como iglesia: evangelísticos por naturaleza para alcanzar a los perdidos, con pasión por las almas y compasión en Cristo para enseñar a aquellos que han sido hallados. Eso es claridad.

Sea claro en cuanto a lo que quiere. Dicen que el hombre que lleva dos relojes nunca está realmente seguro de qué hora es. Así que sea claro, simple y esté confiado acerca de su visión. Esté seguro de ella. Sepa exactamente lo que está llamado a hacer en el Señor.

Competencia

Establezca un estándar de excelencia en el lugar donde trabaja y en todo lo que haga. Sea competente. Haga bien el trabajo que se le pide y para el cual fue contratado.

Busque maneras de mejorar la calidad de cualquier producto o servicio que su empresa ofrece. Martin Luther King Jr., dijo que si un hombre era barrendero, debía barrer las calles tan bien como Miguel Ángel pintaba o como Beethoven componía. El decía: "Hágalo tan bien, que ninguna persona viva, muerta o aún por nacer pueda hacerlo mejor que usted". También dijo: "Si no puede ser el pino más alto en la cima de la montaña, sea el mejor arbusto en el valle".

Se trata de ser competente en aquello para lo que Dios le dio un don y lo llamó a ser. Sea lo que sea, hay algo para lo que Dios le ha calificado de forma única. Tiene que ser capaz de operar en su zona de fortaleza, en su área de competencia. En cualquier área que trabaje, usted quiere ser alguien que logra que las cosas se hagan. Por eso siempre es importante permanecer conectado a aquellos que están en un nivel más allá del que se encuentra actualmente, y continuar mejorando su rendimiento.

Si ahora mismo está trabajando para una empresa u organización y es un gran trabajador, cuando concluya todo su trabajo vaya a su supervisor y dígale: "He terminado con la tarea que me asignó. ¿Hay algo más que pueda hacer por usted?". Es posible que al principio le den un poco de trabajo improductivo, pero si usted lo toma de inmediato, lo realiza y luego vuelve a esa persona para pedirle más trabajo, verá que con el tiempo va a comenzar a ganar reputación delante de ese jefe. Entonces él le dirá a los demás directores: "Si necesitan que algo se haga bien, yo tengo a la persona indicada", y ellos le llamarán.

Compromiso

También tiene que demostrar su total compromiso hacia cualquier organización en la que trabaja. Su compromiso motiva e inspira a otras personas a hacer mejor su labor y a poner todo su corazón en sus labores.

No puede depender de las personas que no están comprometidas. Sea confiable. Demuestre que está comprometido. Ese compromiso implicará una obligación con su propio lugar de responsabilidad dentro de la empresa u organización, y un compromiso a hacerse más valioso para ellos.

EL COMPROMISO SIEMPRE PROVIENE DE UNA CONVICCIÓN.

Recuerde que el compromiso siempre proviene de una convicción. Si carece de convicción en su interior, le faltará compromiso en su exterior. No puede despertarse una mañana y decidir comprometerse con su trabajo. No, no es así, tiene que partir de una convicción interior de que ha sido llamado a estar donde está, y a ser el mejor trabajador posible.

Permítame también hacerle notar que siempre se pueden aprender grandes cosas a través de las pequeñas cosas que la gente está dispuesta a hacer, o no hacer. Nunca olvidaré a un amigo mío que (antes que lo fuéramos) me escuchó hacer la siguiente afirmación en un programa de *TBN* Enlace: "Si una persona es demasiado grande para predicar en un lugar pequeño, entonces es demasiado pequeña para predicar en un lugar grande". Después que me oyó decir eso en la televisión, me llamó y me dijo: "Yo soy pastor en un lugar pequeño, me gustaría que usted viniera acá". Quería probarme, pero lo sorprendí. ¡Fui al lugar!

Condiciones restrictivas

Identifique las condiciones restrictivas o los factores limitantes que determinarán la velocidad con la que puede alcanzar sus metas, y llevar a cabo su visión y llamado. Sus limitaciones son las fronteras de su vida o los parámetros dentro de los que opera. Tiene que establecer sus propios límites de tal manera que nunca comprometa su carácter o su integridad. Debe tener limitaciones para no desviarse de su carril.

En los Juegos Olímpicos de 2012, hubo un corredor que terminó un evento en el quinto lugar, pero aún así se llevó a casa la medalla de bronce. ¿Por qué? Porque los que quedaron en el tercer y el cuarto lugares fueron descalificados por salirse de sus carriles durante la carrera. Tenían que cumplir con sus condiciones restrictivas.

Si va a hacer algo realmente bien en su vida, necesita condiciones restrictivas que le ayuden a resistir la tentación de hacer *otra cosa* que parece buena. Un enfoque equivocado le impedirá lograr su objetivo. Es por eso que tiene que ponerse "orejeras" para evitar las cosas que limitan su enfoque y decir: "Voy con todas mis fuerzas en esta dirección, este es mi objetivo. No puedo dedicarme ahora a los asuntos que son secundarios". Yo conozco a personas talentosas que son muy competentes, y que están bien comprometidas, pero se distraen porque no tienen suficientes condiciones restrictivas. Dejaron que su enfoque se alejara de lo que debían hacer.

Creatividad

Permanezca abierto a nuevas ideas de diferentes fuentes. ¿Sabía que las personas "quejosas" son una de las mejores fuentes para obtener ideas nuevas? Busque gente quejosa, no tendrá que ir muy lejos para encontrarlas, y cuando las halle, escúchelas. Si quiere crear algo mejor de lo que ofrecen sus competidores, descubra a alguien que se queja de lo que estos están haciendo, y podrá aprender a competir exitosamente contra ellos.

Se sorprenderá de lo creativo que se vuelve cuando no posee muchísimo dinero. Tiene que arreglárselas con menos recursos, así que encuentra formas creativas para lograr exactamente lo que necesita. Termina haciendo más con menos. No hay nada que estimule más rápido la creatividad que estar arruinado. Ahí es cuando usted se vuelve verdaderamente creativo. Cuanto menos dinero tiene, más creativo está obligado a ser. ¡La necesidad es la madre de la invención!

LA CREATIVIDAD PRODUCE SU MEJOR OBRA CUANDO NO PUEDE DEPENDER DE LOS DEMÁS.

A menudo la creatividad produce su mejor obra cuando está completamente solo y no puede depender de los demás. Así encuentra formas creativas de hacer las cosas por sí mismo. Va a tener algunas situaciones cuando va a estar haciendo limonada, y le echará demasiada azúcar. Usted sabe cómo arreglar eso: solo tiene que añadir un poco más de agua y limón. Si se queda sin material para hacer un vestido, haga una blusa y póngase unos pantalones negros. Improvise. Tiene que ser flexible para adaptarse.

Usted puede hacer casi cualquier cosa que se proponga, si le dedica suficiente tiempo. Todo lo que dice que es incapaz de hacer es porque no ha invertido tiempo en aprenderlo. Si le dedica suficiente tiempo, puede dominarlo. Puede abrirse camino a través de cualquier situación retadora; con la ayuda de una mente creativa, encontrará su salida. Así que nunca pierda la creatividad, porque es un regalo precioso cuando se encuentre en un aprieto.

Proverbios 18:16 nos dice: "*Los dones de un hombre le abren el camino*" (adaptado al Español de KJV).[9] Hay un don creativo dentro de usted que le abrirá mucho el camino. Utilice su don. Enfóquese en su don. Póngase en sintonía con Dios, que le dio ese don, y empiece a trabajar en ese don. Practíquelo, y libérelo para servir y bendecir a otros.

A menudo las ideas creativas vienen cuando está completamente solo, sentado en algún lugar. Dios le dará ideas para las invenciones creativas, los diseños, y los descubrimientos cuando su mente esté menos distraída. Si realmente quiere ver su creatividad en toda su fuerza, busque un lugar a solas con nuestro Dios que es tan creativo, y permita que Sus pensamientos fluyan a través de usted. La creatividad fluye en aislamiento.

Consistencia

Desarrolle la autodisciplina de ser consistente: fiable, confiable, sosegado y predecible en todas las situaciones. Las personas tienen miedo de confiar en aquellos cuyas reacciones no se pueden predecir. Ellos necesitan saber que usted no va a ser arrastrado por el viento cuando llegue una tormenta.

Si tiene problemas para controlar su ira, no le asignarán un puesto de supervisión en el trabajo. Van a tener miedo de confiar en usted, porque nunca se sabe cuándo demostrará inestabilidad en su temperamento. De hecho, los individuos comedidos son los que se colocan con mayor frecuencia en puestos de responsabilidad. Así que no permita que cualquier cosa pequeña le afecte de tal manera que se ponga nervioso, y sienta que está a punto de perder la cabeza.

Cuando se enoja, su creatividad se apaga. Cuando se siente frustrado, la creatividad se detiene. Cuando su mente está frustrada, no puede pensar. Es como si alguien saboteara la programación de su

9. Versículo bíblico adaptado al Español por Grupo Scribere.

mente, y sus pensamientos se desordenaran. Así que tenga cuidado y asegúrese de que es consistente en su vida.

LAS PERSONAS TIENEN MIEDO DE CONFIAR EN AQUELLOS CUYAS REACCIONES NO SE PUEDEN PREDECIR.

Necesita una mente calmada y firme para pensar bajo presión. Si está en un avión que repentinamente comienza a perder altura a una velocidad vertiginosa, es posible que escuche al piloto anunciar: "Por favor, mantenga la calma". ¡Pero toda su vida le está pasando ante sus ojos! ¡Usted no puede mantener la calma! Sin embargo, si pierde la cabeza en una situación de emergencia como esa, solo significará que más personas van a morir o resultar heridas porque están demasiado aterrorizadas y nerviosas para seguir las instrucciones. Ellas entran en pánico y cuando usted entra en pánico, muere. Así que recuerde: puede estar a punto de morir, pero gritar no le va a ayudar. Entonces continúe diciéndose a sí mismo: "Mantén la calma".

Respire profundo. Sé que su situación puede ser aterradora y dolorosa, pero deje que Dios se encargue de todo y Él le guiará a través de ella.

Capacitación continua

Permítame enfatizar de nuevo la importancia de la capacitación continua. Comprométase a leer, escuchar y actualizar sus conocimientos y habilidades personales.

Dedíquele tiempo a esto. Provéase de recursos para invertir en su capacitación y desarrollo. Las mejores empresas son las que tienen las personas mejor capacitadas. Las segundas mejores empresas tienen las segundas personas mejor capacitadas. Y las que capacitan menos personal son las que van camino a la quiebra.

EN TIEMPOS DE CAMBIOS, SON AQUELLOS QUE SIGUEN APRENDIENDO LOS QUE HEREDAN EL FUTURO.

En la medida en que los tiempos cambian, haga el compromiso de ser un aprendiz constante. Permítame decirle esto: los que *estudian* constantemente siempre les ganarán a los llamados *académicos,* esos que se graduaron y recibieron su título, pero que luego no aprenden más nada. Eric Hoffer escribió: "En tiempos de cambio, son aquellos que siguen aprendiendo los que heredan el futuro. Quienes creen que ya han aprendido todo, generalmente se encuentran equipados para vivir en un mundo que ya no existe".[10] Tiene que ser un aprendiz de la vida, que aprende constantemente sobre las cosas de este mundo.

Tiene que proponerse seguir aprendiendo a lo largo de su vida. Trabaje siempre en usted y continúe desarrollándose. Encuentre formas para mejorar, y tenga contacto con personas que están en un nivel más alto que el suyo.

Conexiones

Usted no consigue los mejores puestos de trabajo navegando en la Internet. Los mejores empleos se obtienen a través de un sistema de contactos, conociendo personas. El ochenta por ciento de las ocupaciones mejor pagadas vienen por referencia de alguien conocido; un ser humano como usted, que le conoce, usted le agrada, y que después lo recomienda a otra persona.

La única razón por la que las personas con grandes cantidades de dinero no han invertido en usted es simplemente porque no le conocen. Si le conocieran y vieran su potencial, tal vez invertirían en usted. Las personas invierten en las personas que conocen.

10. Eric Hoffer, Reflections on the Human Condition [Reflexiones sobre la condición humana], (Nueva York: Harper & Row, 1973), Sección 32.

Así que tiene que salir a buscar. Internet es solamente *inteligencia artificial* y la palabra clave es "*artificial*". La realidad virtual no es real; es irreal. Si piensa que tiene 1200 amigos porque eso es lo que *Facebook* dice, ¡está en un error! Pídales a todos ellos que le envíen diez dólares, como un verdadero amigo estaría dispuesto a hacer, y mire a ver qué pasa. Lo que yo veo es que las personas invierten en personas conocidas. Tiene que salir y conocer personas en el mundo real, porque no vivimos en el ciberespacio. Usted no come en el ciberespacio, tiene que hacerlo en el mundo real. ¡No me envíen un ciber-pedazo de pollo! No, yo lo quiero real. Una ciber-fruta no le resultará. Necesita algo real.

Aproveche al máximo sus conexiones reales con las personas, las conexiones cara a cara. Trabaje duro para sus supervisores y gerentes, y muéstreles su deseo genuino de ser un aprendiz. Algún día puede que les oiga decir: "Sabes, observo algo en ti que puedo enseñar. Te puedo capacitar para esto. Tienes un espíritu de aprendizaje. Yo puedo usarte. Puedo ayudarte. Puedo convertirte en lo que necesitas ser".

Camine la milla extra en su nueva trayectoria

Las personas excelentes caminan la milla extra. Cuando esté listo para ir a su oficina, llegue temprano: no solo para la entrevista o porque sea el primer día. Esté dispuesto a llegar temprano y quedarse allí hasta tarde.

Una vez que llegó allí y que hizo su trabajo, esté dispuesto a ayudar a algunos de sus compañeros de trabajo si necesitaran ayuda. Conozca cuál es su supervisor o el segundo al mando y dígale: "Mire, si alguna vez necesita a alguien para que venga un sábado y le ayude a reorganizar los muebles de la oficina, llámeme. Yo soy la persona. Llámeme". Esté dispuesto a llegar temprano, quedarse hasta tarde y caminar la milla extra. Eso lo separará de lo que hacen todos los demás.

LAS PERSONAS EXCELENTES CAMINAN LA MILLA EXTRA.

Las otras personas, si se van a las 5:00 pm, comienzan a prepararlo todo a las 4:15 pm. Limpian su área de trabajo, desconectan sus cerebros y no contestan el teléfono. Yo he vivido eso. En un lugar en el que trabajé y que cerraba a las cinco, había una señora que comenzaba a limpiar su escritorio, ponía las cosas en los cajones y buscaba su bolso a las 4:15. Ya a esa hora estaba lista para irse. A las 4:55 estaba en posición de arrancada: "¡En sus marcas, listos, fuera!".

Algunos están ahí nada más que para ganarse su salario. Verdaderamente no están allí para servir a la gente. Pero si está dispuesto a hacer un esfuerzo adicional, le aseguro que siempre se va a hacer notar. No me refiero solo a sus compañeros de trabajo, sino también a sus supervisores, gerentes y propietarios. ¡Haga un esfuerzo adicional en su vida personal también! Haga más de lo que esperan de usted. Mire, si alguien le permite utilizar su auto, no solo llene el tanque, lave el auto antes de devolverlo. Establezca expectativas en torno a usted, que vayan más allá de lo que otras personas o situaciones puedan dictar.

Y cuando esté dispuesto a hacer más, no pida limosnas: "¿Va a pagarme por esto? ¿Cuánto me va a pagar?". ¿Qué pasó con los Niños Escuchas que ayudaban a las ancianas a cruzar la calle o que le ayudaban a usted a llevar sus víveres? Vaya más allá y será recompensado. Hay algunas cosas que usted paga por adelantado. Está sembrando. A la larga cosechará; no se preocupe.

Mi esposa me enseñó con mucho cariño el útil principio del "también". Cuando se quite la ropa, *también* póngala en una percha. Cuando se quite los zapatos, guárdelos *también*. Cuando haya terminado de cenar, tome su plato y póngalo en el fregadero *también*. Es hacer un esfuerzo extra por alguien que usted ama. Mi esposa y yo tenemos por costumbre que cuando vamos a un restaurante, empezamos a apilar los platos después de haber comido. No nos pagan por hacerlo; pero es una parte del principio "también".

Cuando mi esposa echa en bolsas los productos en la tienda de comestibles, se pone a ayudar al cliente que esté cerca a hacerlo también, entonces yo le digo: "¡Tú no trabajas aquí!". Pero ella es una criatura que vive el principio "también". No use el principio de "si esto/entonces"; mejor use el principio "también". A cualquier cosa que yo hago, le añado un "también". Así que no solo llevo el carrito del supermercado hasta el auto y saco los comestibles. No dejo el carrito en el estacionamiento para hacer una abolladura en el auto de alguien hasta que un empleado lo recoja. *También* regreso el carrito al supermercado. A veces me quejo en mi mente y pienso: "¡Necesitan poner más áreas para carritos en este lugar porque tengo que caminar medio kilómetro para devolverlo!". Pero como usé el carrito, *también* lo voy a devolver.

Es posible que no piense mucho en eso, pero cuando un empleado le ve ayudando, eso habla muy bien sobre quién es usted. Ahora bien, yo sé que esto no es algo profundamente espiritual, pero si alguien me ve ir más allá del deber, y que le ayudo a hacer su trabajo sin recibir nada, entonces estoy sembrando una semilla, y usted nunca siembra una semilla sin recibir algo a cambio.

LA EXCELENCIA ES UN HÁBITO.

Mire, nosotros hemos nacido de una semilla incorruptible, y una semilla incorruptible nunca falla en producir una cosecha. Usted está sembrando semillas, y eso forma parte de un carácter de excelencia. La excelencia es un hábito. No solo lo hace porque alguien le está mirando; me doy cuenta de que actúo de esta forma incluso cuando estoy solo. Una vez fui a un restaurante donde servían maní como un pequeño aperitivo. Se suponía que los comensales simplemente lanzaran al suelo las cáscaras de maní. Yo me comí algunos y apilé mis cascaritas bien organizadas a un lado de la mesa. Le dije a la camarera que echarlos en el piso iba en contra de la educación de mi casa. ¡Pero luego la camarera se acercó y los tiró al suelo de todos modos! Bueno, como dije antes, sembrar *usualmente* da buenos frutos...

Los trabajos sufren cambios sin precedentes en estos días, pero si depende del Señor, sigue Sus principios y sabiduría, verá que Él le abre una trayectoria profesional que le sorprenderá. ¡Dios es fiel!

CAMBIE SU TRAYECTORIA Y RECUERDE:

- Los empresarios buscan personas con iniciativa, innovadoras, personas que puedan ser productivas en su trabajo sin necesidad de una supervisión estrecha.
- Los 9 principios de pensamiento y comportamiento para avanzar en su nueva trayectoria laboral son:
  - Claridad de su visión
  - Competencia
  - Compromiso
  - Condiciones restrictivas
  - Creatividad
  - Consistencia
  - Capacitación continua
  - Conexiones
  - Camine la milla extra.

17

Cómo alabar

¿Sabe cuál es la actitud que debería mantener cuando comienza a cambiar su trayectoria?

Su actitud debe ser una actitud de alabanza. Yo no le puedo decir la cantidad de personas que han podido cambiar su trayectoria porque aprendieron cómo trascender sus problemas alabando a Dios. Dieron gracias a Él casi como un pago por adelantado por las cosas que pusieron en oración. Cuando alaba a Dios antes de recibir la respuesta, es una de las mayores manifestaciones de que cree que Dios ya le otorgó aquello que usted le pidió. Es una gran señal de fe.

CUANDO ALABA A DIOS ANTES DE RECIBIR LA RESPUESTA, ES UNA DE LAS MAYORES MANIFESTACIONES DE QUE CREE QUE DIOS YA LE OTORGÓ AQUELLO QUE USTED LE PIDIÓ.

Dos partes para la alabanza

Me encanta cómo Hebreos 13:15–16 habla de la alabanza: "*Así que, ofrezcamos siempre a Dios, por medio de él (Jesucristo), sacrificio de alabanza, es decir, fruto de labios que confiesan su nombre. Y de hacer el bien y de la ayuda mutua no os olvidéis, porque de tales sacrificios se agrada Dios"*. Ahora note algo sobre estos dos versículos en particular. Se habla de la alabanza como el fruto de nuestras bocas que confiesan Su nombre, y se le llama "sacrificio", "sacrificio de alabanza a Dios". ¿Los sacrificios son fáciles? No, los sacrificios duelen un poco, le cuestan algo. Así que algunas veces su alabanza puede ser un sacrificio porque no siempre sentirá ganas de hacerlo, pero hágala un sacrificio. Dios honra el sacrificio.

La alabanza es el fruto de nuestras bocas dándole gracias a Su nombre. Cuando le agradecemos y le decimos: "Señor, te doy gracias por cambiar mi trayectoria", ese es el fruto de la boca que confiesa Su nombre. Se sorprenderá de cómo un espíritu de avivamiento comenzará a brotar en su interior, porque le está dando alabanza a Él. Ahora, esa no es su única responsabilidad. El otro sacrificio que es una parte integral de la alabanza se observa aquí en el versículo 16: *"Y de hacer el bien y de la ayuda mutua no os olvidéis"*. Cuando hace el bien, está alabando. ¡No se olvide de hacer el bien!

No toda la alabanza es verbal; alabanza es también hacer el bien y compartir. *"Y de hacer el bien y de la ayuda mutua no os olvidéis, porque de tales sacrificios se agrada Dios"*. Recuerde que la fe sin obras está muerta. La alabanza es más que un servicio de boca, es un servicio de vida. Así que nuestra alabanza no solo debe ser audible; nuestra alabanza debe ser visible.

Me gustaría que más personas de la iglesia supieran y entendieran esto, y que lo aplicaran como un "pájaro de dos alas". Demasiadas personas aletean solo con el ala de la alabanza verbal (el fruto de la boca que confiesa a Dios). Ellos bendicen a Dios todo el día con sus bocas, pero esa es solo una de las alas de la alabanza, y no se puede alzar el vuelo batiendo un ala nada más. Fuimos diseñados para bendecir el nombre de Dios, pero también necesitamos la otra ala: la de hacer el bien y compartir con los demás.

¿Sabía que cuando hace una buena obra para ayudar a otras personas usted mismo se siente bien? Eso lo bendice. Cuando bendice a alguien limpiándole su casa, o le da un poco de dinero para que tenga una comida decente, esto no solo libera endorfinas positivas en el receptor de la bendición, sino que también crea una experiencia positiva en el que da la bendición. Por eso la Biblia enseña que es de más bendición dar que recibir. Cuando da el regalo (la bendición) a otra persona, esta lo recibe; pero cuando lo brinda como dador, recibe el don del gozo. Lo recibe y esto le hace alabar a Dios porque Él fue capaz de usarle.

Necesitamos alabarle con ambas cosas: con el fruto de la boca que confiesan su nombre, y haciendo el bien y compartiendo con otras personas. Nuestras iglesias deben estar orientadas hacia nuestras familias y comunidades, porque Dios nos llama a ser un pueblo que no solo represente una fuerte relación vertical en cuanto a alabanzas verbales a Él, sino que también haga buenas obras y comparta horizontalmente algunas de las bendiciones recibidas. Cuando se unen la relación vertical con la horizontal, se forma el camino de la cruz. Es el camino de la cruz. ¡Eso no es una coincidencia! Eso conecta a las personas con Dios, y les ayuda a traer el cielo a la tierra a través de lo que Dios ha hecho en sus corazones.

Motivo de alabanza

Alabamos a Dios porque sabemos que Él es temible y grande. ¿Conoce el mandato bíblico que dice: "*Teme al Señor tu Dios*"?. En el hebreo, es realmente una exhortación a ver lo que es invisible, porque la palabra hebrea para "Teme al Señor" en realidad significa *ver*. Así que considérelo de esta manera: ver al Señor es *temerle*.

Algunas personas no sienten temor mientras su jefe no está cerca. Ellos hacen lo que quieren y actúan como les place. Es algo así como cuando el gato no está, los ratones hacen fiesta; ¡pero nosotros no podemos tratar así al Señor! Nosotros le tememos, caminamos y vivimos con reverencia, con sobriedad, y discretamente en el temor de Dios, porque lo vemos a través de nuestros ojos espirituales. Vemos que Dios está con nosotros.

Si no puede ver a Dios, entonces no le teme porque piensa que se puede ocultar de Él, que se puede salir con la suya. Así que mi consejo es que nunca pierda de vista a Dios. Por eso lo alabamos: la alabanza nos enfoca nuevamente en Él, para que lo veamos. Nos mantiene con una consciencia de Dios en nuestro interior para que podamos verlo. Si pierde de vista a Dios, comenzará a vivir como si Dios no existiera.

Hay muchísimas personas que utilizan la alabanza como una herramienta para tratar de manipular al Señor y hacer que los bendiga. He estado en algunos lugares donde dicen algo así como: "¡Vamos! ¡Alábale! ¡Alábale! ¡Si le alabas, Dios te dará todo lo que quieras!". La alabanza no es una herramienta de manipulación para conseguir de Dios lo que queremos. No es una forma de halagar el ego de Dios. Eso es algo manipulador, y la manipulación es mala y perversa. Manipular es pretender que está bien conseguir algo que está mal. Es utilizar un motivo y un pretexto equivocados con el fin de conseguir algo. Es hacer creer a alguien que usted es de una manera, para entonces aprovecharse de lo que le motiva y obtener lo que necesita.

No podemos usar la alabanza para halagar el ego de Dios a fin de que Él nos dé un auto nuevo. ¡Eso no funciona! Porque a fin de cuentas Él es Dios. Dios puede ver a través de usted. Él conoce sus pensamientos y deseos, la intención profunda de sus pensamientos y sabe cuando existe una intención manipuladora. Si da algo para que la gente lo vea, ¿cree en verdad que está engañando a Dios? No, Dios sabe si ha dado algo solo para que la gente lo vea, o si ha hecho algo bueno para que alguien le dé palmaditas en la espalda y diga: "¡Oh, qué persona tan maravillosa!". La Biblia dice que cuando hace el bien, ya tiene su recompensa. Así que es imposible engañar a Dios, porque Él conoce sus motivos. La Palabra discierne los pensamientos y las intenciones del corazón.

La alabanza puede cambiar el mundo

La alabanza cambia el ambiente. Si entra en una habitación y advierte frialdad hacia usted, pero aun así entra en el lugar animando a las personas mientras prodiga una generosa y genuina alabanza, todo el ambiente de la habitación va a cambiar. ¡Pruébelo y verá! En la mayoría de los lugares a los que va, ya sea que visite a un familiar, un negocio o a donde sea que vaya, note cómo a las personas no se les aprecia lo suficiente. Se sorprenderá de la cantidad de personas que nunca se toman el tiempo para decirle a otro: "Muchas gracias por lo que haces".

He visto personas en los restaurantes que, cuando el camarero les trae más agua o algún otro pedido, simplemente siguen en su conversación y ni siquiera se dan por enterados. Si alguien le ha servido, en realidad no cuesta mucho trabajo agradecerle, y decirle: "Gracias. ¿Sabe qué? Le agradezco mucho que esté pendiente de todo lo que ocurre en mi mesa. No ha permitido que mi vaso se quede vacío ni una sola vez...". Cuando existen cosas malas, la gente es, sin duda, generosa en señalar defectos y en criticar. Así que, ¿no será mejor mostrar generosidad a través de nuestra gratitud?

La alabanza es muy, pero muy poderosa. No es solo una frase bonita adornada con flores en una publicación de *Pinterest*. ¡La alabanza es un arma de guerra! De verdad se lo digo, el diablo es alérgico a la alabanza. Él simplemente no soporta que Dios reciba la gloria; le da ira. El diablo es la persona que más le odia, y no soporta verle pasar un buen rato. Cuando usted dice: "¡Alabado sea el Señor! ¡El Señor me ha bendecido!", eso realmente irrita al diablo, porque no soporta ver cómo usted le da gloria a su Hacedor.

CUANDO TIENE UN CORAZÓN AGRADECIDO POR LO QUE DIOS YA HA HECHO EN SU VIDA, SE CREA UN PUENTE POR EL CUAL LAS FUTURAS BENDICIONES VENDRÁN.

La alabanza es un contraataque contra el diablo y sus secuaces, que tratan de hacerle maldecir; la alabanza es un contraataque contra ambos. La alabanza no solo se enfoca en la magnificencia de quién es Dios, sino en lo que Él ha hecho; no se basa en lo que espera que Dios haga. Usted alaba a Dios por lo que Él es y por lo que ya ha hecho.

Las personas que se frustran y se enojan con el Señor están enfocadas en lo que esperan que Él haga por ellos, en vez de enfocarse en lo que ya ha hecho. Piense en la última vez que estuvo atascado y Dios vino en su ayuda. Ahí es cuando la alabanza comenzará a brotar de su corazón. Le estoy recordando que es hora de un cambio de enfoque en su vida. Si ha estado enfocado solamente en todas las cosas que está esperando que Dios haga y su pensamiento es: "ábreme las puertas para obtener esta carrera, dame esa casa, y ese auto, cambia a mi esposo o esposa de esta o aquella manera", nunca va a conseguir realmente alabar a Dios.

Pero por otro lado, cuando tiene un corazón agradecido por lo que Dios ya ha hecho en su vida, se crea un puente por el cual las futuras bendiciones vendrán. Así que reciba la gratitud (las alabanzas de Dios) en su vida, y devuélvalas libremente a Él. Es hora de un cambio de enfoque. Cuando piensa en la gracia que Dios ha tenido con usted, eso provoca que un espíritu de alabanza entre en su corazón, porque se da cuenta de que Él le ama con un amor increíble.

La alabanza de Job

¿Ha notado que después que Job perdió a sus diez hijos, la mayoría de sus siervos y su ganado, en lugar de centrarse en todo lo que había perdido, lo que hizo fue alabar a Dios? Sus valientes palabras quedaron registradas en Job 1:21: "*Desnudo salí del vientre de mi madre y desnudo volveré allá. Jehová dio y Jehová quitó: ¡Bendito sea el nombre de Jehová!*". Es como decir: "¡He perdido todo lo que tenía, pero bendito sea el nombre del Señor!".

Él bendijo a Dios aun en medio de la pérdida porque la Biblia nos exhorta así: "*Dad gracias en todo*" (1 Tesalonicenses 5:18). No dice dar gracias por todo. ¡Nadie en su sano juicio podría alabar a Dios por la muerte de sus diez niños!, sino que habla de dar gracias en todo. Job seguía alabando a Dios, porque Dios sigue siendo digno de ser alabado, incluso cuando muere un ser querido.

Job tenía la perspectiva correcta, de modo que se mantuvo leal a Dios en su corazón. Aún cuando Job fue afligido al punto de perder su salud y de quedarse solo con una esposa gruñona que le dijo: "¡Deberías maldecir a Dios y morirte, tu vida está acabada!", él continuó alabando a Dios. Ahora bien, también puede sentir que su vida está hecha un caos y en ruinas a causa de su crédito, o deudas, o los hijos que está criando como padre o como madre, y preguntarse: "¿Dios mío, pero, qué hago? ¿Hay algo en mi vida por lo que pueda alabarte?".

Pero si mira a su alrededor, siempre encontrará a alguien en una situación peor que la suya. Hay personas de otros países a quienes les encantaría cambiar de lugar con usted, y que nunca han tenido esas cosas que ha disfrutado y que le han llevado a endeudarse. Dios le puede liberar. Él siempre puede hacerlo. ¿Hay algo realmente difícil para Dios? Dios sigue siendo digno de ser alabado.

La Biblia dice que Job era un hombre íntegro y apartado del mal. En el momento en que nos empiezan a suceder cosas negativas, empezamos a preguntarnos dentro de nosotros mismos: "¿Qué he hecho para que me venga esta calamidad? Tal vez Dios me está castigando por mi pecado". ¿No ha leído la Biblia en Salmos 34:19? *"Muchas son las aflicciones del justo, pero de todas ellas lo librará Jehová"*. Quizás no haya hecho nada malo, y sin embargo, pueden pasarle cosas malas. El gran reto y la gran prueba aquí es si va a permanecer fiel para, aún así, alabar a Dios. ¿Todavía es capaz de alabarle?

Job estuvo en un punto en su vida que dijo: *"Aunque él me mate, en él esperaré"* (Job 13:15). Me encanta esa palabra, "Aunque". Esta palabra cambió toda su actitud. Hay una gran cantidad de personas que se enfocan en el hecho de que Dios los probó. Sí, lo culpan por permitir que fueran probados. Ellos dicen: "Aunque Él me mate", pero se quedan en esa parte. Job continuó: "Aún confiaré en Él, porque sé que todavía me ama".

El diablo le dijo a Dios: "Sabes qué? Esos que son tuyos, y que dicen amarte y servirte solo lo hacen porque Tú los bendices, pero si les quitas la bendición apuesto a que blasfeman contra ti". Y Dios le contestó: "Apuesto a que no lo harán. Si alguien de verdad me ama y me conoce porque está en comunión conmigo... pues adelante, vamos, acepto el reto, porque no se trata de lo que Yo les dé, se trata de Mí... Dios dijo: "Vamos a probar a alguien." Luego el Señor añadió: *"¿No te has fijado en mi siervo Job?"* (Job 1:8). Dios sabía que Job era un hombre justo, alguien que andaba en integridad y apartado del mal. Así que esto era una demostración. Él le dijo al diablo: "Muy bien, haz lo que vayas a hacer, pero no toques su alma". Job perdió a sus diez hijos, el ganado, las riquezas, los sirvientes, y fue dejado en un terrible estado de salud con una esposa difícil y gruñona, pero Job dijo: *"Aunque él me mate, en él esperaré"*.

Me pregunto: ¿Si Dios apostara dinero hoy por usted, perdería su dinero? ¿Perdería la apuesta con el diablo si dijera: "Tengo algunas personas que incluso si tienen un auto destartalado van a alabarme de todos modos. Incluso si tienen que ir a la iglesia o al trabajo en un autobús, todavía me alabarán. Si tienen que vivir de la ayuda del gobierno, me alabarán de todos modos"?.

La alabanza trae luz

Cuando realmente dedica tiempo para alabar a Dios, entiende que la alabanza es una forma de vida para el creyente. La alabanza es una actitud del corazón. Una actitud es una señal externa de un sentimiento interno. La alabanza brota de un corazón agradecido. Cuando piense detenidamente acerca de quién es Dios en su vida, se dará cuenta de que la alabanza es la respuesta que va a rebosar en usted. Enumere sus bendiciones, y comprenda todas las cosas maravillosas que Dios ha hecho. Incluso cuando las cosas estuvieron mal, reconozca que pudo haber sido peor, pero Dios fue fiel. Cuente sus bendiciones.

Dios habita en medio de las alabanzas de su pueblo. (Véase Salmos 22:3.) Él hace de la alabanza Su morada. Así que si alguna vez quiere que el Señor establezca su tabernáculo en usted, llene de alabanza su corazón, bríndesela generosamente y Dios estará siempre con usted. Él está a una "alabanza" de distancia. Él mora en las alabanzas de Su pueblo, no en las protestas, críticas o quejas. Hay personas que necesitan desesperadamente a Dios, y son los mismos que se quejan al respecto. Alabarlo es la forma de invocar Su presencia.

DIOS ESTÁ A UNA ALABANZA DE DISTANCIA.

¿Alguna vez ha estado en el mundo con un torbellino en su alma? Empiece a alabar. La alabanza abre paso a la presencia de Dios, La presencia de Dios trae Su paz. Cuando todo esté tranquilo en su alma, Dios revelará Su propósito a través de esa misma paz. Cuando entiende el propósito de Dios, entonces Dios envía poder para Su propósito. Cuando obtiene poder en su vida, el poder produce provisión. Pero todo eso comienza con la alabanza. La alabanza trae Su presencia; la presencia produce Su protección; la protección trae Su paz; la paz revela Su propósito; el propósito invoca el poder; y el poder produce la provisión. Todo sucede en ese orden. La mayoría de las personas quieren las provisiones, pero no miran al principio del proceso para darse cuenta de que todo comienza con la alabanza. Pero la alabanza es donde debe empezar.

Si está experimentando una noche oscura, tiene el poder de encender la luz de manera sobrenatural con su alabanza. Salmos 57:7–8 dice: "*Listo está mi corazón, Dios, mi corazón está dispuesto; cantaré y entonaré salmos. ¡Despierta, alma mía! ¡Despertad, salterio y arpa! ¡Me levantaré de mañana!*". Haré que la mañana llegue con mi alabanza. No tiene que esperar a que el sol se levante. El Sol se encenderá cuando abra su boca y comience a alabar a Dios. Si está en un lugar oscuro, puede empezar a cambiar su trayectoria solo alabando a Dios.

Cuando está en un sitio oscuro en su vida, si se olvida de sí mismo y enaltece y engrandece la naturaleza gloriosa de quién es Dios, yo declaro que puede salir de su oscuridad. Puede encender la luz, y hacer que amanezca en medio de la noche. Pablo y Silas hicieron esto mismo en Hechos 16, cuando estaban en la cárcel. La Biblia nos narra: "*A la media noche...*" (versículo 25 adaptado al Español de KJV).[11] ¡Estaba oscuro, pero Pablo y Silas provocaron un amanecer! Cuando estaban allí, sus almas estaban confinadas en una pequeña habitación, y sus manos y pies estaban en el cepo, pero a la medianoche comenzaron a orar y a cantar salmos e himnos a Dios. Cuando empezaron a entonar sus alabanzas a Dios, de alguna manera la tierra tembló, y los cimientos de la cárcel fueron sacudidos. Entonces las cadenas de todos los presos se soltaron y las puertas se abrieron.

Usted puede ser liberado de sus grilletes y cadenas, cuando aprende a alabar a Dios. Pablo y Silas no lo alabaron *después* que las cadenas se cayeron y *después* que las puertas se abrieron; lo hicieron mientras aún estaban encerrados. Todavía estaban bajo llave, y le alabaron. Estaban en el cepo, y le alabaron. Estaban bajo la autoridad del carcelero, y le alabaron. No puede esperar a ser libre para alabarlo. ¡Alábele cuando todavía está atado! ¡Esa es la manera de obtener libertad! Era medianoche, pero la luz entró a ese lugar y los grilletes de todos se soltaron.

¿Sabe lo que realmente creo? La Biblia habla de cómo la tierra es el estrado de Sus pies, y creo que cuando Pablo y Silas estaban can-

11. Versículo bíblico adaptado al Español por Grupo Scribere.

tando sus alabanzas, Él oyó el ritmo de la música. Yo creo que Dios, sentado en el trono, siguió el ritmo y empezó a tocar en Su estrado. Yo creo que Él tocó la tierra que es el estrado de Sus pies, y cuando tocó al ritmo de la canción, todo el lugar se sacudió. Él la hizo temblar hasta que se abrieron todas las puertas de la prisión y se soltaron las cadenas de todos los hombres. ¡Él cambió dramáticamente la trayectoria de Pablo y Silas allí mismo en aquella cárcel!

Usted usa la alabanza para traer la gloria de Dios a la oscuridad de su vida y de su noche, y para dejar que la luz de la alabanza de Dios brille en usted. Este es su destino. Pedro escribe a los creyentes: *"Pero vosotros sois linaje escogido, real sacerdocio, nación santa, pueblo adquirido por Dios, para que anunciéis las virtudes de aquel que os llamó de las tinieblas a su luz admirable"* (1 Pedro 2:9). La presencia de Dios vendrá cuando la necesite, porque todo lo que necesita está en Su presencia. Así que cuando esté en medio de una transición difícil, ¡alábelo!

CAMBIE SU TRAYECTORIA Y RECUERDE:

1. La alabanza debe ser audible y visible en las obras de nuestra vida.
2. La alabanza es un arma de guerra contra el enemigo.
3. La alabanza trae luz a nuestras vidas.
4. La alabanza es la gratitud manifestada por una oración que todavía no ha sido contestada.
5. El poder de la alabanza tiene el orden siguiente:
    - La alabanza trae Su Presencia;
    - Su Presencia produce Su Protección;
    - Su Protección trae Su Paz;
    - Su Paz revela Su Propósito;
    - Su Propósito invoca el Poder;
    - Y el Poder produce Provisión.
6. Alabar a Dios antes de recibir la respuesta es una de las mayores manifestaciones de que cree que Dios ya le concedió aquello que pidió en oración.

18

La palabra de poder de dios para su vida

Al acercamos al final de este libro, quiero dirigir su atención hacia una historia muy interesante en 1 Reyes 13. Le voy a ofrecer algunas reflexiones finales acerca del tema de cambiar su trayectoria, de tal manera que pueda ser proactivo preparándose para enfrentar todas las vicisitudes que este mundo le pone en su camino.

No es ninguna exégesis o hermenéutica profunda. Estos son solo ciertos pensamientos que han surgido de este pasaje, cosas que me hablan de una manera muy práctica, mostrándome nuevamente el don de revelación del Señor y el poder de Su Palabra. Recuerde: cuando lea la Biblia, no la lea como un libro de historia. Este es un libro rebosante de lecciones de vida. Tiene que detenerse y preguntar: "Señor, ¿de qué me estás hablando en 1 Reyes 13? ¿Cómo se aplica esto a mi vida actual?".

¡La Biblia está tan inspirada por Dios! Posee la vida de Dios; hay poder en la Palabra de Dios. Nada más puede limpiar su mente y purgar su conciencia como lo hace la Palabra de Dios. Es como el bisturí de un cirujano, que tiene la capacidad de cortar las cosas que le han estado irritando y agravando. Esta Palabra es buena para corregir, para reprobar, para reprender y para instruir en justicia. Es tan significativa para nosotros. Por eso cuando me acerco a la Palabra del Señor, hablo con Él y le digo: "Señor, muéstrame qué estás diciéndome en este momento. ¿Qué hay en Tu Palabra para mí, ahora mismo?".

Profetice a su situación o condición

Este pasaje que estudiaremos hace referencia a un profeta, "un hombre de Dios", cuyo nombre no sabemos. En aquellos días, el rey Jeroboam de Israel había pecado porque había levantado un altar en la ciudad de Bet-el, junto con un ídolo que era un becerro de oro. Cuando empieza 1 Reyes 13, este rey estaba junto al altar en Bet-el ofreciendo incienso. Entonces el profeta, el hombre de Dios, *"vino de Judá a Bet-el,* ***enviado por Jehová****"* (versículo 1), porque traía un mensaje de Dios para este rey en ese mismo lugar.

Y allí en el altar de Bet-el, el hombre de Dios *"clamó contra el altar por* ***mandato de Jehová*** *y dijo: 'Altar, altar, así ha dicho Jehová…'"* (versículo 2). Y seguidamente predijo que llegaría el día cuando un descendiente de David profanaría ese altar impío quemando huesos humanos sobre él (algo que se cumpliría siglos después, como vemos en 2 Reyes 23:15–16).

Este hombre de Dios también profetizó una señal de confirmación: *"el altar se quebrará y la ceniza que sobre él está se derramará"* (versículo 3). Dios le había dado la visión del altar que se agrietaba y derramaba sus cenizas.

Ahora, note específicamente aquí cómo este hombre de Dios clamó contra el *altar* por la Palabra del Señor. Comenzó su mensaje diciendo: "***¡Altar, altar!*** *Así ha dicho el Señor…*". Es interesante que en este momento, la palabra profética del Señor era contra un altar; le habló a una cosa, no a una persona. Es igual que en Ezequiel 37, donde Dios le dijo a Ezequiel que profetizara a unos huesos secos y al viento.

Este es el mensaje que quiero que capte: *a veces es necesario profetizar a su condición o a su situación.* En ocasiones no tiene nada que ver con una persona. ¡Tiene que profetizarle a la condición o situación existente! De vez en cuando, en esos momentos en que se siente disgustado por algo que está tratando de apoderarse de su mente, de su cuerpo, de la vida de su hijo o de un ser querido, lo que necesita es profetizarle a eso.

La Biblia dice acerca de la profecía: *"Pero el que profetiza habla a los hombres para edificación, exhortación y consolación"* (1 Corintios 14:3). Ese mismo pasaje nos instruye de esta manera: *"Seguid el amor y procurad los dones espirituales, pero sobre todo que profeticéis"* (versículo 1); y se nos dice: *"procurad profetizar"* (versículo 39). Esta expresión de inspiración divina les habla a las personas para edificarlas y levantarlas. Pero por el bien de ellas y de nosotros mismos, también tenemos que ser capaces de profetizar a las "cosas y condiciones" en nuestra vida. ¡No creo que Dios nos haya dicho que procuremos ardientemente este don, si profetizar no fuera algo poderoso, o si no hubiera poder en su propia boca!

¡TIENE QUE PROFETIZARLE A LA CONDICIÓN O SITUACIÓN EXISTENTE!

A veces tiene que sentir una indignación justa en su vida, y por medio de la autoridad de Jesucristo, empezar a profetizar contra las aflicciones del enemigo y decir: "¡Basta, Satanás. El Señor te reprenda! ¡Ya basta de tus interrupciones todo el día y de hacerme tropezar! ¡Ya basta, se acabó! ¡En el nombre de Jesús yo profetizo contra ti que vas a parar, a desistir y que tu misión en contra de esta vida queda anulada en el nombre del Señor!". Usted empieza a hablar, por inspiración divina, palabras que le edifican, palabras que le fortalecen y que le consuelan.

Cuando el enemigo traiga confusión a su hogar, deténgase al entrar por la puerta, y recuerde que usted es el profeta y sacerdote de la casa. ¡Párese allí, y con autoridad, empiece a hablar la Palabra del Señor! Cuando la tristeza, la depresión y la confusión asalten su mente o la mente de un ser querido, hágale frente, láncele un reto, y empiece a profetizarle a esa situación: "Ya nos has atacado bastante; ¡yo te ato y te reprendo, en el nombre de Jesús!".

Simplemente libere la palabra profética del Señor, porque Su Palabra logrará lo que Él quiere. Nosotros somos Sus instrumentos en la tierra. Él no tiene otra boca que la nuestra. Por eso leemos: "*Porque no hará nada Jehová, el Señor, sin revelar su secreto a sus siervos los profetas*" (Amós 3:7). Y ya que hemos de procurar ardientemente profetizar, debe haber un anhelo ardiente en usted cuando dice: "Espíritu del Dios viviente, lléname con Tus palabras. Lléname con Tu poder y déjame hablarle a esta circunstancia". Cuando Dios habla, los seres vivos caen a tierra y mueren, y las cosas muertas se levantan y viven.

Se asombrará de cómo puede cambiar las cosas con la palabra profética del Señor. Así que permítale a Dios hacerlo.

La profecía confirmada

Observe lo que sucedió en respuesta a la profecía que aquel hombre de Dios dijo contra el altar.

En primer lugar vemos que algo le sucede al rey:

> *Cuando el rey Jeroboam oyó la palabra del hombre de Dios que había clamado contra el altar de Bet-el, extendiendo su mano desde el altar, dijo: "¡Prendedle!" Pero la mano que había extendido contra el hombre de Dios se le secó, y no la pudo enderezar.* (1 Reyes 13:4)

Cada vez que intenta detener lo que Dios ha ordenado, algo se detendrá en usted. Permítame decirlo de esta manera: si usted intenta obstruir la obra de la mano de Dios, Él va a obstruir la obra de su mano.

DIOS SIEMPRE CONFIRMA EN LA TIERRA LO QUE YA HA DECLARADO DESDE EL CIELO.

Entonces vemos que algo le sucede al altar: "*El altar se rompió y se derramó la ceniza que había en él, conforme a la señal que el hombre de Dios había dado por mandato de Jehová*" (versículo 5).

Esto nos enseña que Dios confirma Su Palabra y que siempre la confirma con algún tipo de señal. Dios siempre confirma en la tierra lo que ya ha declarado desde el cielo.

Es como la promesa que Dios hizo a Abraham en cuanto a la multitud de sus descendientes: le dijo que serían como las estrellas en el cielo (la promesa confirmada en el cielo), y como la arena del mar (la promesa confirmada en la tierra). Si no tiene la confirmación de algo que Dios le ha dicho, desestímelo. Dios siempre confirmará Su Palabra. Él ha dicho: "*Solo por el testimonio de dos o tres testigos se mantendrá la acusación*" (Deuteronomio 19:15). Si recibe una palabra una sola vez y de una sola fuente, entonces todavía no se ha confirmado.

Cuando alguien está hablando algo de parte de Dios, debe comenzar a sentir una agitación en su espíritu que da testimonio de ello. El Espíritu en nosotros da testimonio de que somos hijos de Dios. Él nos ha dado Su Espíritu para dar testimonio en la tierra. "*Y tres son los que dan testimonio en la tierra: el Espíritu, el agua y la sangre; y estos tres concuerdan*" (1 Juan 5:8). Dios tiene una manera de provocar que haya un poder de consenso cuando uno confirma al otro.

Dios hablará algunas cosas, y luego provocará las señales. Él siempre enviará una señal, como la señal del arco iris para confirmar su pacto en los días de Noé, o la circuncisión para confirmar su pacto en los días de Abraham. Hay una señal en cada pacto; también hay una señal para cada palabra que Dios nos da.

HAY UNA SEÑAL EN CADA PACTO;
TAMBIÉN HAY UNA SEÑAL PARA CADA
PALABRA QUE DIOS NOS DA.

Busque siempre una señal de confirmación de parte de Dios, porque Él no espera que siga adelante en cosas que Él aún no le ha confirmado. Espere una confirmación porque Dios a menudo confirma por medio de alguien que no sabe nada acerca de su situación. Él va a confirmar Su Palabra a través de santos maduros que están cerca de Él, y que son íntegros de corazón.

Él va a confirmar lo que le ha hablado en Su Palabra. Lo confirmará por medio de su Espíritu y le dirá: "Sí, ese fui Yo quien te habló. Fui *Yo*. No fue tu carne, o algo salido de tu mente, ni tampoco una coincidencia".

Misericordia de Dios

Ahora observe lo que sucede a continuación después que la mano del rey se secó:

> *Entonces el rey, dirigiéndose al hombre de Dios, dijo: "Te pido que ruegues ante la presencia de Jehová, tu Dios, y ores por mí, para que mi mano sea restaurada". El hombre de Dios oró a Jehová y la mano del rey se le restauró; quedó como era antes.*
>
> (1 Reyes 13:6)

Esto nos muestra que Dios es un Dios misericordioso que nos ofrece nuevas oportunidades, y sus misericordias se renuevan para nosotros cada mañana. Dios es un Dios de misericordia. ¡Gracias a Dios por Su increíble misericordia! El rey estaba arrepentido en su corazón. Y cuando estamos arrepentidos, Dios nos restaurará, porque Él es un Dios de misericordia. Él le brinda nuevas oportunidades. Gracias a Dios que Él es grande en misericordia; a Dios nunca le falta la misericordia.

No regrese por el mismo camino

Lo que sucede después en la historia es bastante sorprendente. Preste mucha atención a esto:

> *El rey dijo al hombre de Dios: —Ven conmigo a casa, y comerás, y yo te daré un presente. Pero el hombre de Dios respondió al rey: —Aunque me dieras la mitad de tu casa no iría contigo, ni comería pan ni bebería agua en este lugar. Porque* ***así me está ordenado por mandato de Jehová,*** *que me ha dicho: "No comas pan, ni bebas agua, ni regreses por el mismo camino".*

Regresó, pues, por otro camino, y no volvió por el camino por donde había ido a Bet-el. (1 Reyes 13:7–10).

Dios no le dio al profeta una *sugerencia*, sino un *mandamiento* que fue claro y específico: no debía permanecer en Bet-el, ni siquiera para comer; tenía que volver a casa, pero no por el mismo camino que había tomado para llegar allí.

Es una lástima cuando escucha la verdad, pero la rechaza y vuelve por el mismo camino por donde vino. Es increíble cómo uno puede decirle la verdad a las personas, darles la verdad y ellos ven la verdad; y sin embargo se alejan como si no hubiesen escuchado nada. Vuelven de regreso a sus mismos caminos porque son criaturas de hábito.

Es perjudicial para nosotros seguir viviendo como si las cosas se mantuvieran igual, cuando las circunstancias en el mundo están cambiando todo el tiempo. ¿Quiere que le diga una definición de locura? Locura es hacer la misma cosa una y otra vez, y esperar un resultado diferente. Tenemos que entender que aquello que nos trajo a donde estamos, no nos llevará a donde queremos ir. Hay cosas que tienen que cambiar. De lo contrario, vamos a quedarnos obsoletos. Seremos completamente irrelevantes en la cultura actual.

AQUELLO QUE NOS TRAJO A DONDE ESTAMOS, NO NOS LLEVARÁ A DONDE QUEREMOS IR.

Del mismo modo, cuando ha tenido un encuentro con Dios, no tiene sentido irse de Su presencia en la misma forma en que entró. Somos transformados por la presencia del Señor. Mientras lo contemplamos en adoración, algo debe transformarse en nosotros. Somos transformados por Su increíble presencia y poder.

Así que cuando ha escuchado a Dios, no le permita a nadie que le aleje de eso. Cuando sabe que sabe que sabe, no permita que nadie lo convenza de algo diferente. No permita que alguien lo engañe. Hay personas que simplemente no quieren que usted tenga éxito. Ellos no quieren verle prosperar. Ellos no quieren verlo ser bendecido. Ellos no quieren verlo promovido. Le dirán muchas cosas para confundirlo; cosas como: "¿Estás seguro de que escuchaste bien a Dios?".

Cuando usted tiene una experiencia con Dios, es como si algo hubiera sido cambiado en usted; Él le lleva más lejos, exponiéndolo a lo más grande. Eso nos cambia; lo mucho menor se convierte en mucho mayor.

Nuestro Dios es fuego consumidor, y cuando toca el fuego ¿se queda frío o aumenta su temperatura? Los principios de la termodinámica dicen que la energía fluye de la fuente superior a la inferior. Es posible que en un primer momento sienta frialdad hacia algunas cosas, pero cuando entre en contacto con Dios, cuando toque el fuego, lo sabrá y eso le cambia. Usted no se va de allí siendo el mismo.

Usted regresa a lo que le lastima

En la medida en que la historia continúa en 1 Reyes 13, llegamos a un final impresionante. El profeta se encuentra con otro profeta, un hombre mayor, y de repente se enfrenta a una palabra opuesta y engañosa que va en contra de lo que Dios le había dicho. El profeta más viejo se encontró con el más joven, y le dijo: "*Ven conmigo a casa y come algo*" (versículo 15).

Al principio, el profeta se mantiene fiel a las instrucciones de Dios:

> *Pero él respondió: —No podré volver contigo, ni iré contigo, ni tampoco comeré pan ni beberé agua contigo en este lugar. Porque por mandato de Dios me ha sido dicho: "No comas pan ni bebas agua allí, ni regreses por el mismo camino".*
>
> (Versículos 16–17)

Pero el hombre más viejo le engañó:

> *El otro le dijo, mintiéndole: —Yo también soy profeta como tú, y un ángel me ha hablado por mandato de Jehová, diciendo: "Tráele contigo a tu casa para que coma pan y beba agua". Entonces regresó con él y comió pan y bebió agua en su casa.*
>
> (Versículos 18–19)

Así que el profeta cayó rápidamente en la trampa.

Para cada don que el Señor tiene, el diablo tiene una falsificación. Así que cuando alguien va a profetizar una verdad, hay otro que se levanta a profetizar una mentira. Debe tener cuidado con las falsificaciones. El profeta debió haber sabido que este hombre estaba mintiendo. Usted sabe que alguien está mintiendo cuando dos hombres, que dicen ser profetas, dan mensajes tan opuestos. Los dos no pueden estar recibiendo instrucciones de Dios.

Después que el profeta comió y bebió cómodamente en la casa de este hombre mayor, la verdad fue descubierta a través de las mismas palabras del profeta más viejo:

> *El cual clamó al hombre de Dios que había venido de Judá diciendo: "Así dijo Jehová: Por cuanto has sido rebelde al mandato de Jehová, y no guardaste el mandamiento que Jehová, tu Dios, te había prescrito, sino que volviste y comiste pan y bebiste agua en el lugar donde Jehová te había dicho que no comieras pan ni bebieras agua, no entrará tu cuerpo en el sepulcro de tus padres".* (1 Reyes 13:21–22)

Y de inmediato, luego que el profeta terminó su comida, el juicio de Dios cayó sobre él: *"Al partir, lo encontró un león en el camino y lo mató. Su cuerpo quedó tirado en el camino, y el asno y el león permanecieron junto al cuerpo"* (versículo 24).

Ahora bien, este es el mensaje que debemos entender aquí: *a usted no lo va a dañar aquello a lo que se dirige en el futuro, sino aquello hacia lo que regresa en el pasado.* ¿Hacia qué está tratando de regresar cuando Dios le ha dicho que se aleje de eso? Como un perro que vuelve a su propio vómito, ¿hacia qué está tratando de regresar? Lo que arruina su vida no es hacia dónde usted va, no; lo que arruina su vida es regresar a aquello de lo cual Dios ya lo liberó.

Yo me quedo perplejo cuando veo a personas en la iglesia que en un determinado momento están enamoradas de Dios y de Su bondad ¡y al momento siguiente han abandonado su relación con Él! Pueden apartarse de Dios, quien es tan bueno, ¡pero no dejan sus malas relaciones, malos ambientes y malos hábitos! La psicología de eso desconcierta mi mente.

Cada vez que se siente frustrado, cada vez que está bajo presión, cada vez que está bajo estrés, hay algo en el arsenal del diablo que comienza a poner anzuelos carnales en usted, e intenta halar con fuerza para arrastrarle hacia la última cosa que le trajo comodidad mundana, la última situación, lugar o persona donde encontró la aceptación y el aprecio mundano. Sin embargo, usted conoce los peligros y amenazas que se encuentran en ese lugar. De hecho, ¡es por eso que se fue de allí! Pero siempre el truco del enemigo es tratar de enviarlo de vuelta al mismo camino por donde usted vino.

Dios quiere que seamos transformados por Su gloria, transformados por Su presencia. Él quiere que seamos personas completamente nuevas, personas cambiadas por haberle contemplado. Él nos ha llamado a una transformación totalmente nueva. Entonces eso es lo que hacemos en Él: nos dejamos transformar por la gloria de Dios.

Siempre hay que sembrar con vistas al futuro. Y siempre hay que renunciar a algo con el fin de ascender más alto. Tiene que renunciar a su pasado para que pueda poseer su futuro. Es, simplemente, un principio de vida.

Sembrar y cosechar

Me encanta algo que C. S. Lewis dijo: "Nada de lo que usted no ha entregado, jamás será realmente suyo".[12] Hasta que no brinde alegría a los demás, nunca tendrá alegría. Hasta que no ofrezca respeto a los demás, nunca sentirá respeto de sí mismo. Hasta que no dé amor, nunca experimentará el amor. Primero debe entregar esas cosas, cualquiera de esas que usted quisiera para sí.

A eso le llamamos sembrar. Cosechamos lo que sembramos. Usted tiene que entregar aquello que desea cosechar en su propia vida.

Hemos visto en este libro muchas perspectivas y principios que pueden traer bendición a su vida. Ellos le pueden dar la sabiduría para su viaje en el paisaje marino de la incertidumbre, a medida que Dios cambia su trayectoria. Oro para que siembre estas cosas en su vida, de modo que pueda comenzar a experimentar hoy mismo una cosecha de bendición, de justicia y de paz.

12. C. S. Lewis, *Mere Christianity* [Mero cristianismo] (Nueva York: Macmillan, 1952), 190.

Usted se enfrenta a infinidad de cambios desconcertantes en el mundo que le rodea. Y vendrán muchos más. Pero por la misericordia y la gracia del Señor, al confiar en Él, tiene todas las razones para disfrutar de su seguridad, plenitud, bondad y misericordia todos los días de su vida, y habitar en la casa del Señor para siempre.

¡Que Dios le bendiga con gozo en esta trayectoria increíble!

CAMBIE SU TRAYECTORIA Y RECUERDE:

1. Profetice sobre su situación.
2. Dios siempre confirma Su Palabra con algún tipo de señal.
3. No lo va a dañar aquello a lo que se dirige en el futuro, sino aquello hacia lo que regresa en el pasado.
4. Cuando ha escuchado a Dios, no le permita a nadie que le aleje de eso o lo convenza de algo diferente.
5. Busque siempre una señal de confirmación de parte de Dios, porque Él no espera que siga adelante en cosas que Él aún no le ha confirmado.
6. Cuando ha tenido un encuentro con Dios, no tiene sentido irse de Su presencia en la misma forma en que entró. Somos transformados por la presencia del Señor.
7. Cuando tiene una experiencia con Dios, Él le lleva más lejos, exponiéndolo a lo más grande. Lo "mucho menor" se convierte en "mucho mayor".
8. Siempre hay que renunciar a algo con el fin de ascender más alto. Debe renunciar a su pasado con el fin de poseer su futuro.
9. Hasta que usted no brinde alegría a los demás, nunca tendrá alegría. Hasta que no ofrezca respeto a los demás, nunca sentirá respeto de sí mismo. Hasta que no dé amor, nunca experimentará el amor.
10. Sembramos lo que cosechamos.

Acerca del Autor

El Dr. Dale C. Bronner ha cambiado su trayectoria muchas veces durante su vida. Empezó a trabajar a los cinco años de edad repartiendo periódicos. A los doce años, comenzó a procesar la nómina del negocio de su padre, Bronner Brothers Manufacturing, Inc. Al pasar de los años, hizo diversas transiciones hacia innumerables trabajos, tanto en la industria de ventas al por menor como en el ministerio. Fue llamado a su primer pastorado a la edad de 27 años y dos años después fundó *Word of Faith Family Worship Cathedral*, un ministerio interdenominacional con más de 20,000 miembros. Es un conferencista muy solicitado, capacitador de líderes, y el autor de *Get A Grip* [Recupere el control] (1996), *Guard Your Gates* [Proteja sus puertas] (2002), *A Check Up from the Neck Up* [Una mirada reflexiva del cuello para arriba] (2003), *Treasure Your Silent Years* [Atesore sus años silenciosos] (2004), Remedios caseros (2005), Pasando la posta(2006) y *Planning Your Succession* [Planifique su sucesión] (2008). El mensaje del Obispo Bronner alcanza a millones de personas diariamente a través de su difusión multimedia a nivel internacional. Reside en Atlanta junto a su esposa, la Dra. Nina Bronner. Son los orgullosos padres de cuatro hijas y un hijo, y los orgullosos abuelos de dos bellas nietas y dos apuestos nietos.